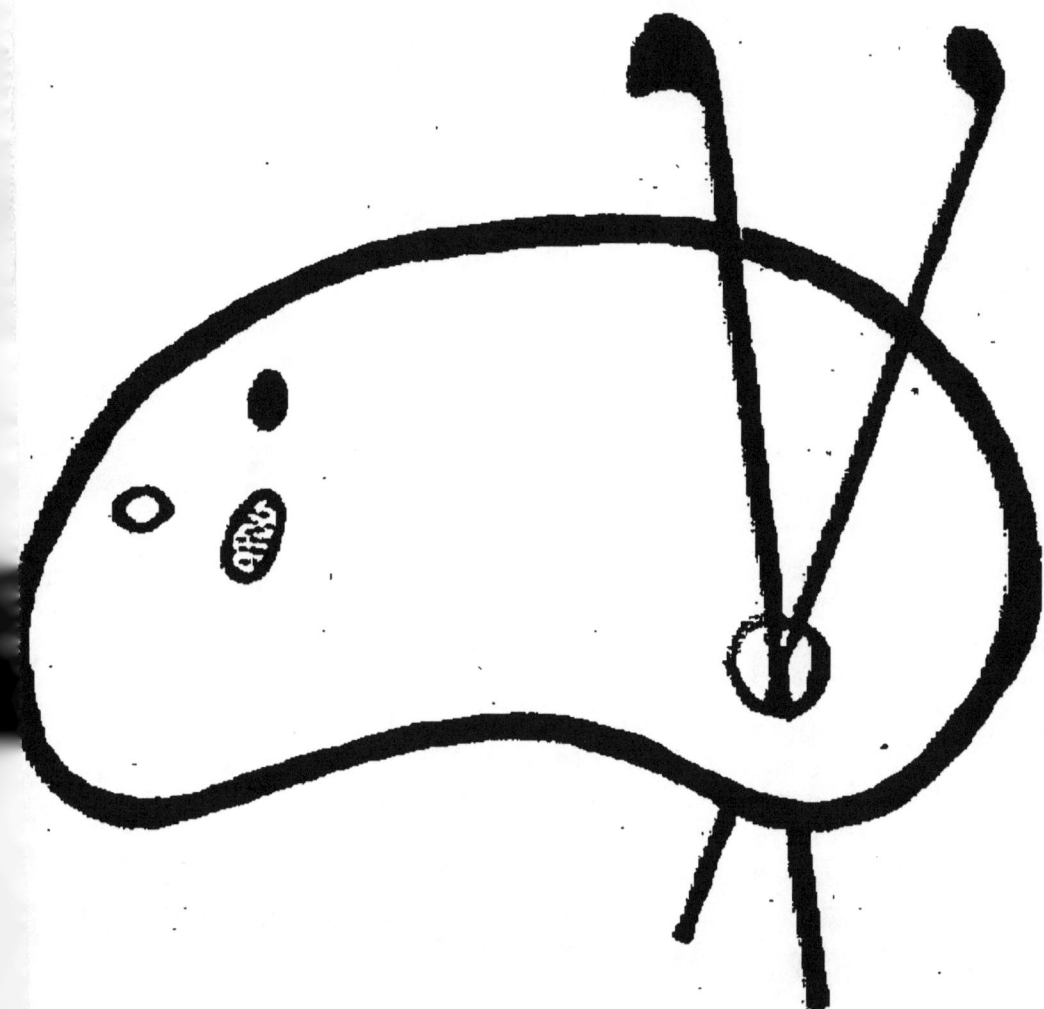

DEBUT D'UNE SERIE DE DOCUMENTS
EN COULEUR

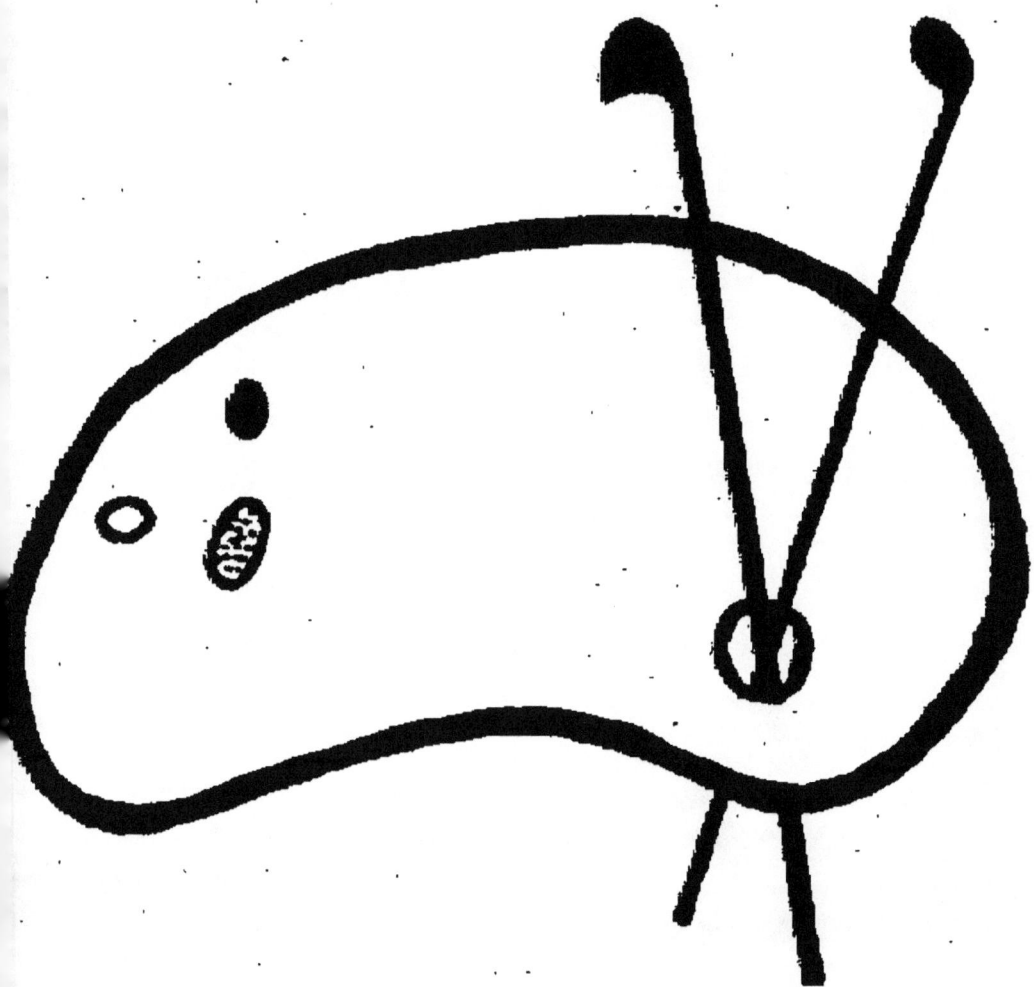

FIN D'UNE SÉRIE DE DOCUMENTS
EN COULEUR

UNE TERRE DE GRANIT

2e SÉRIE GRAND IN-8e

Théophile-Malo Corret de la Tour d'Auvergne. (P. 139.)

UNE

TERRE DE GRANIT

LA BRETAGNE

ET

SON HISTOIRE

par L. LE SAINT

Officier d'Académie

Neuf gravures hors texte

LIMOGES

EUGÈNE ARDANT ET Cⁱᵉ

ÉDITEURS

UNE

TERRE DE GRANIT

———◦◦◦———

CHAPITRE PREMIER.

L'Armorique avant Jules-César. — Origine des Celtes. — Premiers habitants de l'Armorique. — Guerriers. — Druides et druidesses.

Parmi les généalogistes de la race bretonne, les uns l'ont fait remonter à l'Hercule tyrien, les autres à Énée; des légendaires n'ont pas craint d'aller jusqu'à Noé, affirmant qu'il débarqua de l'arche aux abords de la Loire. La vérité est que cette race, dernier débris des Celtes, se lie au berceau du genre humain, non par les Syriens, les Arabes, les Phéniciens et les Hébreux, mais par les Romains et les Grecs, par les Germains, les Slaves, les Arméniens, les Perses, les Mèdes et les Indiens. Les Celtes étaient venus de l'orient; lorsque César franchit les Alpes, cinquante-huit ans avant Jésus-Christ, ils occupaient, mêlés aux Cimériens et aux Gaulois, le territoire de la Gaule et de la Grande-Bretagne; contraints par les légions romaines de reculer vers l'océan, ils se défendirent jusqu'à l'arrivée des Francs et des Saxons, qui les forcèrent à chercher un suprême asile dans les rochers de l'Armorique et du pays de Galles. Quant au nom de Bretagne, les uns le tirent du mot brez, qui signifie peint de diverses couleurs; suivant d'autres, il aurait pour étymologie les mots

7

bre, pays, et *thow*, *than*, ou *den*, hommes du pays, indigènes.

A l'époque de l'invasion romaine, la presqu'île de l'Armorique n'était qu'un sol âpre et noir, coupé de ravins et de fleuves sans nom; région triste et solitaire, dit l'auteur de *Velléda*, enveloppée de brouillards, retentissant du bruit des vents, et dont les côtes, hérissées de rochers, étaient battues d'un océan sauvage. Divers peuples, réunis en confédération, se la partageaient, et les personnes se divisaient en cinq classes : les druides, les nobles, les propriétaires d'alleux, les ambactes ou soldures, les clients et les esclaves. Les druides et les nobles comptaient seuls dans le gouvernement de la nation.

Les premiers habitants du pays furent des hordes de chasseurs et de pasteurs, qui se peignaient et se tatouaient comme les sauvages de l'Amérique, et, comme eux aussi, relevaient leurs cheveux en touffe au sommet de la tête. Une racine pour nourriture, dit Dion Cassius, de l'eau pour breuvage, un arbre pour maison, une arme pour défense, voilà ce qui leur suffisait. Mais bientôt la guerre et le commerce amenèrent à leur suite la civilisation, du moins dans les ports de l'Armorique. Les grands navires des Vénètes sillonnèrent la Manche, rapportant de l'île de Bretagne à la Gaule entière des métaux, des pelleteries, des esclaves et des chiens.

Tous les Gaulois étaient soldats. Chaque mère faisait baiser à son nouveau-né l'épée nue de son mari : c'était le baptême des enfants. Pour les expéditions extérieures, l'enrôlement était facultatif ; mais si le pays était menacé, tout le monde devait le défendre ; les réfractaires étaient punis de la perte du nez, des oreilles ou d'un œil. Les guerriers marchaient aux chants des bardes, et beaucoup avaient conservé l'usage de se peindre le corps pour épouvanter l'ennemi. Ils avaient pour armes l'épieu, le javelot, l'arc, la flèche, la fronde, le sabre sans pointe, à un seul tranchant, et cette fameuse lance, dont le fer, long d'une coudée, large de deux palmes, se courbait en croissant comme les hallebardes, et lacérait horriblement les chairs. Certains chefs combattaient sur des chars, qu'ils dirigeaient avec une redoutable adresse.

Suivant les traditions des Kimris, ce furent leurs premières tribus qui, traversant la mer brumeuse, conduites par Hu-Gadarn, — Hu-le-Puissant, — leur prêtre-dieu, apportèrent la religion druidique aux Gaulois, qui n'était qu'une sorte de panthéisme. Cette religion enseignait que l'esprit et la matière étaient éternels; que le monde, inaltérable dans sa substance, variait perpétuellement dans sa forme, sous les influences de deux agents, l'eau et le feu. L'âme, en quittant le corps, passait dans une sphère inférieure ou supérieure, selon qu'elle avait mérité peine ou récompense. L'homme qui avait bien vécu reprenait dans l'autre monde ses habitudes : le guerrier retrouvait son cheval et ses armes, le chasseur ses chiens et son épieu, le prêtre ses fidèles attentifs, le client dévoué son patron. Les druides croyaient aussi à l'existence d'un Dieu unique, mais ce Dieu prenait, pour l'intelligence du peuple, autant de formes qu'il avait d'attributs : celles de l'eau, du vent, et du soleil ou de la lune, par exemple. D'horribles superstitions, des sacrifices humains ensanglantaient les grossiers autels qu'ils élevaient au fond des forêts séculaires et au milieu des landes sauvages, où quelques-unes subsistent encore.

L'initiation druidique avait trois degrés, qui formaient la hiérarchie sacerdotale : les bardes, les ovates et les druides. Les bardes étaient les improvisateurs sacrés de la Gaule : ils chantaient les exploits des héros, encourageaient les victimes sur la pierre du sacrifice, les guerriers sur le champ de bataille, et distribuaient la gloire ou la honte. Les ovates étaient chargés de la partie matérielle du culte; aucun acte public ou privé ne se faisait sans leur intervention. Les druides, — hommes des chênes, — formaient la classe supérieure et savante de l'ordre. Arbitres de la paix et de la guerre entre les nations, sénateurs de droit en Armorique, ils avaient le privilége exclusif de la théologie, de la législation et de l'éducation, et ils régnèrent longtemps par la supériorité intellectuelle et par la terreur.

Si les lacs et les fontaines étaient sacrés, les véritables temples du Dieu inconnu étaient les cercles de pierres, *cromlec'h*. Un grand *menhir*, — pierre longue, — ou *peulven*, — pierre levée, — en défendait l'approche. Des *dolmens*, — tables de pierre servant d'autels, — s'élevaient à côté. Plus loin s'étendaient les *carnellou*, — cimetières, — réunion de menhirs alignés avec ordre ou dispersés au hasard. D'autres menhirs étaient destinés à garder la mémoire des hommes illustres ou des grands événements. Les pierres branlantes, suivant la tradition, prédisaient l'avenir à celui qui savait étudier leurs mouvements.

Les prêtres de Hu avaient des connaissances profondes en astronomie et en physique; quant à leur médecine, exercée par les ovates, c'était une sorte de magie, appliquée à certaines plantes. Le gui de chêne était pour eux une panacée; on le cherchait avidement dans les forêts, et lorsqu'on l'avait trouvé, les prêtres l'allaient cueillir en grande pompe. Cette cérémonie se pratiquait en hiver, et on devait le couper le sixième jour de la lune : il fallait qu'il tombât sous le tranchant d'une faucille d'or. Une foule immense accourait de toute part pour assister à cette cérémonie.

Des prêtresses et des magiciennes étaient affiliées et soumises à l'ordre : elles étaient spécialement consacrées au culte de Koridwen, l'épouse de Hu, dont elles célébraient les fêtes par des danses. Elles avaient leurs principaux colléges dans les îles d'Ouessant et de Batz, et surtout dans l'île de Sein. Les druidesses de l'île de Sein avaient plein pouvoir sur la nature : elles déchaînaient ou calmaient en chantant les tempêtes, annonçaient l'avenir, guérissaient tous les maux et se métamorphosaient comme les dieux de la fable.

La Bretagne actuelle, ainsi que le dit Pitre-Chevalier, est encore fille de l'ancienne Armorique; nous retrouvons les traditions druidiques dans le catholicisme, les colons dans les fermiers, les bardes dans les poètes populaires, les druides et les druidesses dans les dus et les korrigan (les nains et les fées), les duels des festins dans les luttes. Jules-César allait apporter une lumière impérissable à son histoire.

CHAPITRE II.

Jules-César. — Soumission de l'Armorique. — Son affranchissement. — Conan. — Le christianisme remplace le druidisme. — Migration des Bretons insulaires. — Comtes.

Tous les historiens ont célébré à l'envi les victoires de César dans la Gaule. Personne n'ignore avec quelle habileté l'ambitieux général fit naître les guerres les unes des autres, avec quelle adresse il sut entretenir et diriger à son gré les divisions et les jalousies des peuples, élever les uns, rabaisser les autres, les gagner par des bienfaits ou les effrayer par des exemples de sévérité terribles.

A raison de sa position géographique, la péninsule armoricaine devait être soumise la dernière ; elle déposa pourtant les armes à l'approche d'une seule légion. Les Vénètes furent les premiers à sentir tout le poids de la servitude. Intrépides navigateurs, ils exerçaient sur les mers une sorte de royauté, et tout le commerce de l'île de Bretagne était entre leurs mains. Ils comprirent que la perte de leur indépendance devait entraîner la ruine de leur marine et de leurs établissements, et ils n'attendirent plus qu'une occasion pour secouer le joug. Cette occasion se présenta bientôt.

Crassus, chef de la septième légion, avait envoyé des tribuns équestres chez les Vénètes et chez quelques autres nations armoricaines, pour hâter la rentrée de certains tributs. Les Vénètes arrêtèrent ces officiers, et, entraînés par leur exemple, les peuples voisins agirent de même envers les députés romains : une confédération se forma, l'Armorique prit partout les armes, et l'île de Bretagne fournit aussi son contingent contre les étrangers. César accourut en toute diligence. Sa vengeance fut atroce : le massacre de tous les sénateurs de Dariorig, la vente, sous la lance, de la plus grande partie des rebelles, apprirent aux Gaulois comment il entendait punir la révolte. La puissance des Vénètes fut anéantie pour toujours, et leurs alliés ne souffrirent pas moins de cette défaite. Pendant la guerre, qui se termina par le siége d'Alise, chacune des cités armoricaines dut fournir un corps de six mille hommes. On ne sait quelle part elles prirent aux combats livrés par Vercingétorix. De la mort de ce héros date la soumission complète de la Gaule; César parvint à y maintenir la paix en comblant de bienfaits les chefs et en n'établissant aucun nouvel impôt.

De César à Maxime, l'Armorique, dans sa partie la plus reculée, ne subit de la domination romaine que des stations capitales et principalement militaires, des tributs et l'établissement de nombreuses routes ; elle conserva sa langue, ses mœurs féodales, et les liens de confédération ne furent pas rompus. Quand les douleurs amassées de l'esclavage amenèrent une explosion générale de révoltes dans la Gaule, elle s'associa avec enthousiasme aux entreprises les plus hardies, à celles de Florus et de Sacroivir, de Vuidex, du batave Civilis et des redoutables Bagaudes. Ces insurrections duraient depuis quatre siècles, lorsque l'île de Bretagne envoya dans la péninsule toute une armée, qui en détermina l'affranchissement en secondant l'usurpation de Maxime. (383 après J.-C.) Le chef de cette armée était Murdok ou Mériadok, — grand conducteur, — plus connu sous le nom de Conan-Mériadek. L'histoire de l'Armorique devient ici l'histoire de la Bretagne.

Maximus Clemens gouvernait l'île de Bretagne au nom de l'empereur Gratien. Les légions qu'il commandait l'ayant investi de la pourpre, il s'embarqua pour la Gaule, suivi d'un nombre considérable de Bretons, qui avaient à leur tête Conan-Mériadek, et, après s'être emparé de Rennes et de Nantes, il alla à la rencontre de Gratien, et le battit sous les murs de Lutèce, — Paris. — Maxime et Conan se séparèrent alors : le premier courut à Lyon arracher la couronne et la vie à son rival; le second revint en Armorique et y établit sa colonie bretonne, sous la dépendance du nouvel empereur. Quand Maxime mourut, en 388, la Bretagne rentra dans sa nationalité. Les Romains tentèrent, en 406, d'y rétablir leur domination, mais ils ne purent obtenir qu'un traité d'alliance.

Le druidisme palpitait encore, lorsque le Dieu crucifié ouvrit ses bras à la Gaule. Aucune nation ne s'y jeta avec plus d'élan; aucune ne compta plus de missionnaires et plus de martyrs. L'Armorique accueillit avec enthousiasme une religion qui affranchissait tous les esclaves. Les premiers confesseurs y vinrent de Tours, et, vers l'an 290, Nantes vit martyriser deux de ses plus illustres enfants, Dioclétien et Rogatien. Le premier évêque de Nantes et l'apôtre de la Bretagne fut saint Clair, au troisième siècle; bientôt des églises furent aussi établies à Vannes, à Quimper et à Dol. Rien de touchant et de curieux, de sublime et d'étrange comme les humbles commencements de ces hommes, qui marchaient à la conquête du monde, et tel fut l'effet de leurs prédications sur l'esprit austère et poétique des Armoricains, qu'on peut dire qu'il dure encore.

Ce fut, dit-on, Conan-Mériadek qui porta le coup mortel au druidisme, dont l'influence sur les populations avait persisté jusque-là. On vit alors des prêtres de Hu, devenus évêques, baptiser d'autres druides dans leurs anciens temples consacrés par la croix. Mais ce spectacle inspira une énergie désespérée aux « hommes des chênes, » et, rejetés dans les îles voisines, ils défendirent longtemps, et pied à pied, le terrain qu'ils possédaient depuis tant de siècles; ils ne quittèrent point leurs foyers et leurs dolmens sans y laisser des traces ineffaçables.

On sait comment les habitants de l'île de Bretagne, quand leur territoire fut envahi par les hommes du Nord qu'on appelait les Saxons, se retirèrent dans le pays de Galles, ou même, traversant la mer, vinrent aborder aux côtes de l'Armorique. Ces derniers formèrent l'État de Domnonée, aujourd'hui la basse Bretagne, et qui comprenait les comtés de Vannes, de Cornouailles, de Tréguier et de Léon. Ces comtés demeurèrent toujours des souverainetés indépendantes, gouvernés de père en fils par des descendants des auciens chefs de l'île, dont le pouvoir n'était limité que par la coutume du pays.

Affranchie brusquement de la domination romaine, et presque aussitôt colonisée par les Bretons, la nouvelle confédération armoricaine se remit lentement de cette double secousse, et il s'en fallut que la paix et la concorde régnassent dans la péninsule. On vit les chefs insulaires s'en disputer les uns aux autres les parties, ou se réunir pour disputer le tout aux étrangers, de sorte que leur histoire n'est véritablement qu'une suite de guerres intestines ou de guerres nationales, jusqu'au jour où les Franks les mirent d'accord en s'emparant de la Gaule entière.

CHAPITRE III.

Les comtes Salomon, Gradlon, Audren. — Invasion des Alains. — Invasion des Huns. — Les comtes Riothime et Budik. — Clovis. — Alliance des Franks et des Bretons.

Le premier roi que les chroniqueurs placent après Conan est Salomon, dont ils font son petit-fils. (421.) Suivant eux, il renouvela le traité d'alliance avec les Romains, et s'unit à la fille d'un patrice nommé Flavius. Sous son règne fut abolie la vente à l'encan, au profit du trésor, des enfants de ceux qui ne pouvaient payer l'impôt. Cette coutume était, sans doute, un reste de l'administration romaine dans quelques villes de la Bretagne. Salomon n'eut pas le même succès dans toutes ses réformes; il périt assassiné au milieu d'une révolte, en 433.

Les Armoricains reconnurent alors pour roi Gradlon-Mur ou Mor, — Gradlon-le-Grand, — comte de Cornouailles, beau-père de Conan-Mériadek, avec lequel il était venu de l'île de Bretagne. Ce prince défendit la Bretagne contre une nouvelle attaque des Romains, et s'associa aux Bagaudes, ainsi qu'à des colonies franques établies dans quelques villes bretonnes. Ces terribles confédérés s'avancèrent jusqu'à

Tours, d'où les forces de Majorien ne les repoussèrent que difficilement. Gradlon mourut vers 444, et fut inhumé dans le monastère de Landévének, fondé par lui, avec celui de saint Jagu. De tous les rois bretons, il n'en est aucun qui ait autant occupé les légendaires, et l'on ferait des volumes avec les récits merveilleux dont il a été l'objet.

Audren succéda à Gradlon ; c'est lui qui était à la tête des Bretons de l'Armorique au moment de l'invasion des Alains et de celle des Huns. Les Alains, précipités contre la péninsule par le patrice Aétius, en auraient exterminé les populations sans l'intervention de Germain d'Auxerre. Le pieux prélat revenait de combattre l'hérésie pélagienne dans la Grande-Bretagne, et il y avait aussi remporté sur les Barbares la victoire de l'*alleluia*; bien qu'épuisé de fatigue, il marcha contre Eokarik, le chef des Alains, et le contraignit à accepter provisoirement un traité, qui suspendit la vengeance romaine. Les Armoricains ne tardèrent pas à braver de nouveau leurs anciens dominateurs, mais un péril immense vint les rapprocher d'Aétius.

Attila, le roi des Huns, semblerait moins un personnage historique qu'un symbole de destruction, si tous les historiens ne s'accordaient sur son existence. Laid comme le péché et né pour l'effroi de la terre, il fut justement surnommé le *Fléau de Dieu*. Les intrigues du Vandale Gensérik le poussèrent sur la Gaule, et ce fut à peine si, sur son passage, il épargna quelques villes. A Paris, tout le monde voulait s'enfuir, quand Geneviève, la sainte recluse, sortant de sa cellule, annonça au nom du ciel que les Huns se détourneraient des murs. Ils passèrent outre, en effet, et se dirigèrent vers Orléans; ils y entraient déjà, lorsque l'évêque Anianus vit comme un nuage s'élever de terre. « Voici le secours du Seigneur ! » s'écria-t-il. C'était Aétius avec ses Romains, ses Germains et ses Bretons. Après un combat sanglant, la cavalerie d'Attila se replia vers la Seine et la Marne; les confédérés la poursuivirent, et le sort du monde se décida dans les champs catalauniques. La lutte fut terrible : ce fut comme deux océans d'hommes qui heurtèrent

leurs flots pendant un jour et une nuit. Enfin les Huns battirent en retraite, et personne n'ignore comment leur chef se
vengea de la Gaule sur l'Italie. Il était écrit cependant qu'il
n'entrerait pas à Rome : saint Léon l'arrêta en lui opposant
le signe sacré de notre rédemption. Il mourut l'année
suivante, dans une vallée du Danube, où les siens l'enter-
rèrent secrètement avec des drapeaux ennemis et des armes
magnifiques. Il ne resta de cette irruption de Barbares dans
les Gaules qu'un sol bouleversé comme par la charrue et
disputé par les dernières tribus germaines. Bientôt le méro-
vingien Clovis, porté sur le bouclier de ses soldats, fonda le
royaume de France.

Le premier usage que les Bretons firent de leur victoire
fut de se venger des Alains, leurs alliés du jour, mais leurs
ennemis de la veille, et ils les chassèrent de leurs établissements de la Loire. Ils étaient toujours gouvernés par le roi
Audren, qui venait de refuser la couronne de la Grande-
Bretagne. On cite après lui un chef du nom de Riothime, qui
n'est autre sans doute que l'Erek des chroniqueurs. A sa
mort, en 490, Budik, comte de Cornouaille et fils d'Audren,
revint de l'île de Bretagne, où il avait suivi son oncle, et entreprit vaillamment de défendre l'Armorique contre les
Franks et les Normands. Il reprit le territoire que son père
avait enlevé aux Alains du côté de la Mayenne et rentra en
possession du comté paternel; il devint alors roi suprême de
la péninsule. C'était le moment où allaient commencer, entre
les Franks et les Bretons, ces longs et terribles combats qui
devaient arroser de sang l'un et l'autre pays pendant plus de
dix siècles.

Il serait superflu de rappeler ici les victoires remportées
successivement par Clovis sur les Romains, les Allemands,
les Bourguignons et les Visigoths, et à la suite desquelles il se
trouva maître de la plus grande partie du territoire gaulois.
Ce qu'il importe de dire, c'est que tous les triomphes seraient
demeurés inutiles sans Clotilde et les Armoricains : la main
de cette reine catholique et l'alliance d'un peuple indomp-

Les druides régnèrent longtemps par la terreur. (P. 9.)

table assurèrent seuls au fils de Childéric la domination de la Gaule.

La mère des rois burgondes, Clotilde, vivait ignorée auprès de Gondebald, lorsqu'un pèlerin-mendiant, raconte Frédégher, lui apporta la demande et l'anneau de Clovis. Il la trouva hospitalière aux voyageurs. Elle lava les pieds du pèlerin, reçut en secret son message, et en fut si joyeuse qu'elle lui donna cent sous d'or. Or, ce mendiant était Aurélien, conseiller de Clovis, dont les ambassadeurs ne se firent pas attendre. Ils remirent à Gondebald un sou et un denier, suivant l'usage. Clotilde partit avec eux, « s'élança sur un cheval pour arriver plus vite, » et devint la femme du roi païen. (493.) Quatre ans après, le roi païen, « disposé par Clotilde, » invoquait Jésus-Christ dans les plaines de Tolbiac, et triomphait au nom du vrai Dieu de tous les Germains coalisés. Le jour de Noël suivant, le fier Sicambre se courba sous le doigt de l'évêque de Reims, et fit baptiser après lui sa famille et son peuple. L'Eglise le déclara aussitôt son fils unique entre tous les rois d'occident, et la Gaule repoussa les Barbares infectés par le paganisme et l'arianisme. Il ne manqua plus à Clovis que la soumission ou l'alliance des Armoricains.

En 497, les Franks allèrent piller le territoire des Bretons, et leur roi lança enfin contre eux toutes ses forces. Cette attaque fut si vigoureusement repoussée que Clovis, renonçant à vaincre une nation indomptable, prit le sage parti de traiter avec elle. Alors vraisemblablement furent posées les limites qui devinrent la cause ou le prétexte de tant de guerres entre les deux pays.

CHAPITRE IV.

Conduite de Clovis à l'égard des Bretons. — Saint Pol de Léon ; miracles. — Riowal. — Mort de Chramn, fils de Clotaire, brûlé dans une cabane. — Waroch. — Charlemagne. — Morvan. — Wiomarc'h. — Soumission momentanée de l'Armorique.

Clovis ne s'était allié aux Armoricains que pour les soumettre ; ne pouvant les vaincre par la force, il espérait les tromper par la ruse. Quand mourut Budik, les Franks s'emparèrent des principales villes de la haute Bretagne, et soumirent leurs conquêtes à l'autorité de leur roi.

Clovis laissa son trône en partage à ses quatre fils, et ceux-ci, à ce qu'il paraît, prétendirent, comme leur père, exercer un droit de suzeraineté sur la Bretagne armoricaine. La vie de saint Paul-Aurélien nous apprend que ce fut le roi Childebert qui, à la prière d'un certain Withur, comte de Léon, fonda en faveur du pieux exilé l'évêché de Saint-Pol de Léon. Peu de temps après, en 513, un prince insulaire, du nom de Riowal, abordait aux rivages de l'Armorique avec une flotte nombreuse, et, après avoir vaincu les Frisons qui s'en étaient emparés, il se rendait près de Clotaire pour traiter avec ce prince.

Saint Pol n'administra pas son diocèse jusqu'à sa mort : parvenu à un âge très avancé, il remit sa charge aux mains de son neveu, saint Joua, et alla achever ses jours dans l'île de Bath. La légende lui attribue de nombreux miracles, parmi lesquels les plus célèbres sont ceux des oiseaux de mer et de la clochette du roi Marc.

Les saints personnages affluaient vers ce temps-là de la grande vers la petite Bretagne : Samson, archevêque d'York, qui devint évêque de Dol ; saint Tugdual, propre fils du roi Riowal ou Hoël, que l'évêché de Tréguier révère comme son fondateur ; saint Brieuc, qui jouit du même honneur au diocèse de ce nom ; saint Gildas, fondateur du célèbre monastère de Rhuys; saint Magloire enfin, saint Meen, saint Colembau, saint Goulven et beaucoup d'autres.

A la mort de Riowal, la Bretagne fut de nouveau partagée entre des fils indignes de leur père, et elle tomba dans un chaos qui devait durer près de trois siècles. Hoël II fut reconnu dans le comté de Rennes; Canao ou Conmor dans le comté de Nantes, Mac-Liaw dans celui de Vannes : Budik, fils ou frère d'Hoël, gouverna la Cornouaille. Canao fit bientôt périr Budik et Hoël, et l'adresse d'un ami préserva seule de la mort Mac-Liaw.

Un fils d'Hoël s'était réfugié à la cour de Childebert; ce prince, résolu à faire de lui un instrument de son ambition, le retint plusieurs années, et ce fut Clotaire qui le ramena dans son pays, lorsque, devenu le seul maître du royaume des Franks par la mort de ses frères et de ses neveux, il s'avança pour punir de sa rébellion son fils Chramm, recueilli par Canao. Deux armées envahirent à la fois la Bretagne : l'une rendit le comté de Rennes au fils de Hoël; l'autre défit Chramm et Canao dans une grande bataille aux environs de Dol ou de Saint-Malo. Les Bretons se retirèrent dans la forêt de Brékilieu; Chramm gagna ses vaisseaux en cas de revers, mais il aimait sa femme et ses enfants; au milieu de sa fuite, il entend leurs cris dans une cabane qui leur servait d'asile... Il s'élance à leur secours à travers une grêle de traits, arrive à son but, couvert de sang et de poussière, et tombe aux pieds de son père, qui arrivait en même temps. « Frappez-moi, lui dit-il, mais grâce pour ma femme et mes enfants! » — « Ta femme et tes enfants mourront avec toi, » répond Clotaire, et il donna l'ordre d'attacher la famille entière dans la cabane. Ses soldats y mirent le feu, et l'incendie dévora tout. (560.)

Le désastre de Canao, mort en combattant, permit à Mac-Liaw, devenu de comte évêque, de prendre le titre de roi. A sa mort, la Bretagne fut divisée encore une fois entre Beppolen, gouverneur de Nantes et de Rennes pour les rois franks, et les princes Judual, Téodorik et Warok ou Gwerek.

Warok fut un héros de l'indépendance armoricaine. Son refus de payer tout tribut à Chilpérik, époux de Frédégonde, attira sur lui la colère de ce prince; mais il battit les troupes envoyées pour le châtier, et enleva de la haute Bretagne un butin considérable. Plus tard, lorsque le roi Gontran voulut protéger Rennes et Nantes, il triompha également de ses lieutenants. On peut dire qu'il était la personnification de la Bretagne aux prises avec les Franks. Après lui, la péninsule goûta quelques années de repos, et de tous les princes qui occupèrent successivement le trône jusqu'à la chute des Mérovingiens, l'histoire n'a guère célébré que Judicaël, à qui ses vertus ont mérité d'être placé au nombre des élus. Content d'avoir affermi l'indépendance de son peuple, menacé par Dagobert, il rentra dans le cloître où s'était écoulée sa jeunesse, avec la triple couronne du guerrier, de l'homme d'État et du saint. Sous les rois fainéants, les princes bretons eurent plus rarement à défendre leurs droits; leurs indolents rivaux, soumis à la tutelle d'un maire du palais, n'avaient plus ni le désir ni le pouvoir de leur en contester la puissance.

Une main puissante allait bientôt courber tout l'occident sous son sceptre. Charlemagne fit occuper l'Armorique par Araulphe, grand-maître de sa maison, mais une révolte ne tarda pas à éclater; le comte Gui, qui commandait les marches de Bretagne, reçut alors de l'empereur la mission de réduire les rebelles, et il parvint à les soumettre entièrement. Cette soumission, toutefois, n'était qu'illusoire : de nouvelles révoltes se succédèrent jusqu'au jour où Noménoë plaça sur son front la couronne armoricaine.

L'année même de la mort de l'empereur, les Bretons élevèrent à la royauté suprême un certain Jarnhitin ou Macthiern; à sa mort, deux ans après, Morvan, comte de Léon, fut proclamé *chef des chefs*. Le choix de ce nouveau généralissime ne laissa pas que d'inspirer des craintes sérieuses au successeur de Charlemagne, et, d'Aix-la-Chapelle, où il tenait un plaid, il envoya vers lui le moine Witchor pour l'avertir du sort qui le menaçait. Le bon religieux monta à cheval et se dirigea vers la Bretagne. Morvan l'écouta, et demanda une nuit pour réfléchir; le lendemain, il dit à Witchor : « Voici ma réponse pour ton roi. Cette terre n'a jamais été la sienne, et je ne lui dois ni soumission ni tribut. Qu'il règne sur les Franks; moi, je régnerai sur les Bretons. Les Franks, dis-tu, me déclareront la guerre; qu'ils viennent; j'appellerai mes guerriers, et mes ennemis verront si mon bras est affaibli ! »

Les Franks s'avancèrent au milieu des landes et des bruyères de l'Armorique. Toutes les maisons devinrent la proie des flammes; les églises seules étaient respectées. Morvan se décida à tenter le sort des armes; mais, à la vue des siens fuyant de toute part à travers les campagnes dévastées, pleurant de rage et de douleur, il se précipita sur les escadrons ennemis et reçut de Cossus un coup de lance qui le renversa; puis le Frank sauta à bas de son cheval et lui trancha la tête.

Ainsi, pour la troisième fois, la Bretagne succomba sous les armes franques. (818.) Louis-le-Débonnaire reçut la soumission des chefs armoricains dans son camp, sur les bords de l'Ellé; ensuite il rendit la garde des marches aux comtes Guy et Lambert, et confia le gouvernement de Vannes au chef breton Noménoë. Il ne se doutait guère que ce chef méditait la délivrance de la Bretagne. Mais un autre devait la tenter encore avant lui.

Elu roi après Morvan, Wiomarc'h appela bientôt les Bretons à la révolte. Dès l'année 822, ses bandes ravagèrent les frontières des Franks, et le comte Guy se vit forcé d'envahir de nouveau la Bretagne; le chef breton se sauva dans les montagnes. Mais, peu de temps après, il reparut sur les terres ennemies, et y exerça d'horribles ravages. Il fallut, pour faire déposer les armes à ce petit peuple indomptable, que trois corps d'armées, commandés par l'empereur et par ses deux fils, vinssent encore une fois le combattre. Cette dernière guerre ne dura que quarante jours. Ecrasés par des forces supérieures, les Bretons se hâtèrent de se soumettre. En vain Louis-le-Débonnaire combla Wiomarc'h de présents

et d'honneurs; ne pouvant soulever de nouveau ceux qui
l'avaient élevé à la dignité royale, le successeur de Morvan
se fit tuer par Lantbert, et l'empereur commit la faute de
déclarer Noménoë son lieutenant-général en Bretagne. Ainsi
que le remarque Pitre-Chevalier, c'était donner à l'Armorique un levier qui allait la relever pour six cents ans.

CHAPITRE V.

De grands malheurs empoisonnèrent les dernières années
de Louis-le-Débonnaire. A la naissance de celui de ses fils
qui fut appelé Charles-le-Chauve, il dut, pour satisfaire les
vœux de sa seconde femme, l'impératrice Judith, procéder à
un nouveau partage de ses Etats, afin de doter le plus jeune
de ses enfants, et il se vit tour à tour dépossédé, réhabilité,
condamné à une pénitence publique et incarcéré par
Lothaire, Pépin et Louis; il mourut enfin de douleur.
Noménoë lui garda jusqu'au bout son serment de fidélité;
mais dès qu'il eut fermé les yeux, il prit le titre de roi de
Bretagne, en donnant à Lantbert celui de comte de Nantes.
Cette ville repoussa Lantbert, et celui-ci, pour se venger,
attira sur la Bretagne les Normands, les plus terribles entre
tous les Barbares. Il alla lui-même les trouver sur les côtes
de la Neustrie, leur vanta les richesses de la ville de Nantes,
et s'engagea à leur servir de guide. Alléchés par l'espoir d'un
riche butin, les pirates rassemblèrent tous leurs vaisseaux,
et, sous la conduite du comte, ils abordèrent d'abord au
bourg de Batz, d'où ils se dirigèrent ensuite, à la voile et à la
rame, vers la malheureuse cité. Ce jour-là, on fêtait dans la
ville l'anniversaire de saint Jean-Baptiste. Tout-à-coup, au
milieu de la célébration des saints mystères, d'effroyables

cris se font entendre : l'ennemi était maître de la place. L'église des saints Pierre et Paul, où l'évêque officiait, fut en un instant remplie par une troupe de fuyards qui barricadèrent derrière eux les portes de la cathédrale. Mais les Normands, à coups redoublés, s'ouvrirent bientôt un passage. Le carnage fut effroyable : ceux qu'épargna le glaive, furent conduits sur leurs vaisseaux par les pirates, qui y entassèrent pêle-mêle les immenses richesses trouvées dans l'antique basilique. Cette horrible dévastation fut l'ouvrage d'un jour. Le lendemain, les Normands se répandirent dans les campagnes, pillant les eglises et les monastères, massacrant impitoyablement ceux que la fuite ne dérobait pas à leur fureur. Au bout de dix jours ils montèrent sur leurs navires, chargés d'or et d'argent, et cinglèrent vers l'île de Noirmoutier pour y faire le partage du butin et des esclaves. Quand ils mirent à la voile pour regagner le Danemark, une tempête les poussa sur les côtes de la Galice, dont les habitants leur enlevèrent cinquante vaisseaux. Les autres allèrent saccager les environs de Bordeaux, où la mauvaise saison les força à séjourner pendant plusieurs mois. Lantbert rentra à Nantes avec une troupe nombreuse de fidèles, auxquels il distribua une partie du territoire de Mauge, de Tiffauge et d'Herbauge.

Pendant ce temps-là, Noménoë fit une invasion dans le pays de Rennes et en conquit la plus grande partie. En 845, Charles-le-Chauve marcha contre lui, avec une armée de Franks et de Saxons. La bataille s'engagea près du monastère de Ballon, sur les bords de la Vilaine; elle dura deux jours. La victoire resta aux Bretons, et elle assura la royauté de l'Armorique à Noménoë, qui, à partir de ce moment, prit le titre de roi. Un peu plus tard, malgré la cour de Rome, il se fit sacrer à Dol, dont le siége métropolitain avait été relevé par lui; mais, avant de mourir, il rentra en grâce avec l'Eglise. Il succomba au milieu de ses triomphes, en 851, atteint d'une maladie violente. La Bretagne perdait en lui un grand capitaine, un grand politique et un grand roi.

Erispoë, fils de Noménoë, héritait, bien jeune encore, d'un

trône à peine consolidé. Charles-le-Chauve jugea le moment favorable pour se venger, sur ce prince sans expérience, des outrages qu'il avait reçus de son père, et il conduisit en Bretagne une armée formidable. Mais le jeune roi des Bretons se montra aussi vaillant et non moins habile que son prédécesseur, et Charles, battu contre son attente, signa avec lui un traité avantageux. L'Armorique put alors goûter le repos. Malheureusement, des dissensions s'élevèrent dans la famille des princes, et le roi de France en profita pour envahir encore une fois la Bretagne. Un cousin d'Erispoë, Salomon, devint le fidèle de Charles-le-Chauve, et reçut de sa munificence un tiers du territoire de la péninsule.

Les Normands reparurent sur ces entrefaites. Conduits par Godefroy, ils reprirent et saccagèrent Nantes; ils venaient de rançonner le comte et l'évêque de cette ville, lorsqu'ils furent surpris par Erispoë, qui les rejeta sur leurs vaisseaux, en 855 : ils se répandirent alors sur le royaume de France.

L'indomptable courage avec lequel les Bretons luttaient depuis tant d'années contre les attaques incessantes des hommes du Nord, fit comprendre au roi Charles tout le prix d'une alliance avec un tel peuple. Il proposa à Erispoë l'union de son fils Louis avec l'unique héritière de Bretagne. La réalisation de ce projet, suivant la judicieuse remarque de M. Aurélien de Courson, eût peut-être avancé de plus de six cents ans le grand événement qui s'accomplit sous Charles VIII, à la fin du XIᵉ siècle. Mais Salomon, comte de Rennes, fit échouer par un crime le plan du roi de France. Il dénonça aux seigneurs bretons la trame qui s'ourdissait contre l'indépendance du pays, et complota avec eux le meurtre de son cousin. Un jour qu'Erispoë entendait la messe dans une église du diocèse de Vannes, il fut assailli par une troupe d'hommes armés, et massacré, aux pieds mêmes de l'autel, par Salomon et l'un de ses complices.

A la nouvelle de cet assassinat, Charles-le-Chauve se dirigea vers l'Armorique; mais, apprenant que les Bretons avaient rassemblé toutes leurs forces, il se décida à traiter avec Salomon, et, pendant deux ans, il n'eut pas l'air de s'apercevoir des ravages commis sur les terres de France par des bandes de mécontents, au nombre desquels était son fils Louis. Il fallut cependant prendre un parti, et il se décida à convoquer un concile à Savonnières, afin de dissoudre la ligue des seigneurs à l'aide des armes spirituelles. Plusieurs des leudes réfugiés en Bretagne s'empressèrent de solliciter leur pardon, et particulièrement Robert-le-Fort. Charles entra alors dans l'Armorique et s'avança jusqu'au monastère d'Antrain, près de Laval. Salomon fit sa soumission. Mais, peu de temps après, les Bretons recommencèrent leurs ravages sur le territoire ennemi. Alliés aux Normands, ils en valurent le Maine ; Robert-le-Fort périt dans un combat qu'il leur livra à Brissarte.

La perte d'un tel appui laissait l'empire de Charles à la merci des « hommes bardés de fer ; » le prince se retourna vers Salomon, à qui il accorda de grandes faveurs, et il employa utilement son courage contre l'ennemi commun. Le roi breton rentra comblé d'honneurs de son pays, après avoir puissamment contribué à enlever Angers aux Normands. Mais le remords déchirait son cœur : un fantôme noir le poursuivait tout le jour, un fantôme blanc toute la nuit ; c'était l'ombre de sa victime. Ce tourment fit de lui un saint, et il combla de bienfaits les églises et les couvents.

Quelque temps après, en 874, un vaste complot, dans lequel entrèrent les deux plus puissants personnages de la Bretagne, Pasqwiten et Gurwan, comtes de Vannes et de Rennes, enleva le pouvoir à Salomon. Reconnaissant dans cette insurrection la vengeance divine, ce malheureux prince se résigna à son sort. Il se retira au monastère de Saint-Sauveur de Pellan, et sa mort fut un véritable martyre. Les conjurés, dit son biographe, « le livrèrent ès-mains d'une bande de soldats franks qui le lièrent étroitement et le traînèrent dans la nef de l'église, où son propre filleul luy tira les yeux de la teste et les jetta par terre, les foulant à ses pieds ; et, luy ayant fait mille autres maux, enfin ils luy coupèrent la teste, et ainsi son âme benoiste s'envola au ciel, le vingt-cinquième jour de juin, l'an de grâce 874, le huitième de son règne. »

Dès que le roi de France apprit le meurtre de Salomon, il voulut reprendre possession de l'Armorique, mais il comprit vite que toute tentative dans ce but serait inutile, et il laissa Pasqwiten et Gurwan se la partager avec plusieurs autres petits princes indépendants. Mais l'ambition vint bientôt briser le pacte sanglant qui unissait les comtes de Rennes et de Vannes et Gurwan fut frappé à mort dans un combat contre son rival. Pasqwiten ne lui survécut pas longtemps; il mourut, la même année, assassiné par les Normands, avec qui il avait fait alliance. (877.)

Alain et Judicaël, l'un frère de Pasqwiten, l'autre petit-fils de Gurwan, succédèrent à ces princes; héritiers de leur haine, ils vécurent d'abord ennemis. Les succès des Normands les engagèrent à réunir leurs forces contre les pirates. Judicaël se fit tuer en poursuivant les hommes du Nord; Alain arriva à temps pour le venger, et remporta sur l'ennemi une victoire si éclatante que la Bretagne enthousiasmée le salua du nom glorieux d'Alan-ar-Bras, — Alain-le-Grand. Il usa noblement de son triomphe et de sa puissance. Laissant ses rivaux en paix, il répara les villes, releva les églises, et reprit Coutances sur les Normands. Il mourut en 907, « comblé de gloire et de mérites. »

Les trente années qui suivirent la mort d'Alain-le-Grand furent trente années de malheurs pour la Bretagne. Accablé, coup sur coup, par les invasions normandes, ce malheureux pays fut, pour ainsi dire, bouleversé de fond en comble, jusqu'à ce qu'un digne rejeton de Noménoë, Alain, dit Barbe-Torte, vint le délivrer de ce fléau. Fils de Mathuedoi, comte de Pober, et d'une fille d'Alain-le-Grand, il avait servi sa famille en Angleterre. Quand il eut vingt ans, il s'élança du fond de son exil, en 937, avec les émigrés bretons, et reprit son comté matrimonial de Vannes. Repoussé ensuite par Guillaume-Longue-Epée, fils et successeur de Rollon, il retourna en Angleterre; mais il revint l'année suivante, et, à suite de succès obtenus sur les Normands, les Bretons le reconnurent pour souverain. Il les conduisit de victoire en victoire, et entra avec eux dans la ville de Nantes, où il ne trouva plus rien debout, ni rien d'entier. Le jeune duc mit tous ses soins à rebâtir cette grande et vieille cité, et il y fixa sa résidence. Puis, après avoir fait la paix avec les Normands de la Seine, il recouvra presque en totalité les Etats d'Alain-le-Grand. Il mourut en 952, après un règne de vingt-trois ans.

De nouvelles discordes éclatèrent alors entre divers prétendants au trône, Foulques-le-Bon, Thibaut-le-Tricheur, Hoël IV, Conan-le-Tors, et d'autres. Le fils de ce dernier, Geoffroy, se déclara résolûment duc de Bretagne, et s'allia contre Foulques à Richard de Normandie, dont il épousa la sœur, Harvoise. (996.) Il périt en 1008, victime d'une révolte des paysans, qu'avaient poussés à bout les exactions des nobles : une pierre lancée par une vieille femme lui brisa la tête.

CHAPITRE VI.

Alain V, fils mineur de Geoffroy et de la duchesse Harvoise, régna sous les titres de comte de Vannes et de Rennes et de duc de Bretagne. De 1008 à 1014, les paysans se soulevèrent en masse, et une horrible guerre civile ravagea le pays. Harvoise fit monter à cheval son fils, encore très jeune, et l'envoya avec le reste de sa noblesse contre les rebelles. L'armée ducale leur livra bataille en rase campagne et en fit un grand massacre. Puis Alain résolut de secouer le joug de la Normandie, et il refusa l'hommage à Robert-le-Diable, son cousin. Les Bretons et les Normands dévastèrent, les uns le pays de Dol, les autres le pays d'Avranches; enfin Alain dut céder et il fit à Robert *hommage pour parage*, c'est-à-dire

partiel. Les années suivantes furent remplies par de nouvelles guerres civiles. En 1034, la duchesse Harvoise ferma
les yeux, et ses deux fils Alain V et Eudon, devenus majeurs,
se battirent sur son tombeau. Eudon forme la tige de cette
grande maison de Penthièvre, cadette de Bretagne, dont les
démêlés avec la branche aînée durèrent cinq cents ans.

Lorsque Alain mourut, en 1040, son fils, Conan II, n'avait
encore que trois mois. Le comte Eudon s'empara de la
tutelle, qu'il exerça pendant quinze ans. La noblesse bretonne fut obligée de prendre les armes pour délivrer le jeune
prince retenu prisonnier. Conan, à peine majeur, se vengea
de la déloyauté de son parent, auquel il déclara la guerre.
Eudon, vaincu, eut l'habileté d'entraîner le fils de Robert-le-
Diable à prendre les armes contre le fils de son tuteur. Le duc
de Bretagne, indigné d'une pareille ingratitude, arma trois
mille barques pour transporter son armée sur les côtes de la
Normandie, et il adressa un cartel au duc. Guillaume fut
vivement alarmé de cette menace, la veille de son départ
pour l'Angleterre : un crime le délivra de l'adversaire qu'il
redoutait. Le duc de Bretagne mourut subitement dans d'af-
freuses convulsions, occasionnées, dit-on, par un poison
subtil dont l'un de ses officiers avait imprégné ses gants et
son cornet. Guillaume donna aussitôt le signal du départ.
Alain, dit le Roux, fils du comte Eudon de Penthièvre, et une
foule de chevaliers et d'écuyers bretons se rangèrent sous sa
bannière. La guerre contre les *Saozons* était toujours populaire parmi les descendants des anciens émigrés de l'île.

La victoire de Hastings (1066) permit à Guillaume de ré-
compenser magnifiquement les services de ses vaillants
auxiliaires. Les comtes de Léon, de Porhoët, les sires de
Dinan, de Gaël, de Fougères, de Châteaugiron et de Loheac
reçurent de la munificence du nouveau roi d'Angleterre de
riches dotations; le comte de Penthièvre, Alain-le-Roux, eut
en partage le vaste comté d'Edwin. Ces fortunes acquises si
subitement enflammèrent la cupidité des guerriers d'outre-
mer; ils affluèrent à la cour de Guillaume. Un vieux dicton
en rimes montre le premier seigneur de Cognisby arrivant de

fond de la basse Bretagne, avec son épouse Tiphaine, sa servante Manfa et son chien Mardi-Gras :

> William de Cognisby
> Come out of Britany,
> With his wife Tiffany,
> And his maide Manfas
> And his doggs Hardigras.

Les derniers Celtes de l'Angleterre se réfugièrent auprès des derniers Celtes de l'Armorique; le successeur de Conan II, Hoël V, les reçut avec bienveillance. Le règne de Hoël fut marqué par un événement capital : l'alliance de la France et de la Bretagne contre la Normandie. Revenu d'Angleterre, Guillaume assiégeait Dol, exigeant l'hommage du duc de Bretagne, qui le refusait. La place, défendue par Alain Fergent, fils du duc, tenait depuis quarante jours, lorsque Philippe Ier, roi de France, contraignit les Normands à se retirer. (1075.)

Alain Fergent, couronné duc après son père (1084), défendit une seconde fois Dol avec tant de gloire contre le Conquérant, que Guillaume vaincu voulut se faire un allié de son vainqueur, et lui donna sa fille Constance en mariage. Quelques années après, au cri poussé par les chrétiens de la péninsule sous le cimeterre des Turcs, il résolut de prendre part à la croisade. Il hésita d'abord à quitter la Bretagne, mais un tremblement de terre le décida, et, se réconciliant avec ses ennemis, il partit avec Robert, duc de Normandie; après s'être distingué dans trois grandes batailles, il arriva des premiers au tombeau de Jésus-Christ, le jour de la prise de Jérusalem, et ses efforts ne furent pas inutiles pour faire couronner Godefroy de Bouillon. (1099.)

Alain et le duc Robert revinrent de la Terre-Sainte en 1101. Ce dernier, trouvant son frère Henri assis sur le trône d'Angleterre, à la place de Guillaume-le-Roux qui venait de mourir, lui déclara la guerre, et, avec l'aide de la cavalerie fournie par Alain, il le battit à Tynchebrai; il l'enferma ensuite jusqu'à sa mort. Peu de temps après, le duc de Bretagne, pris d'un mal dangereux, dégoûté du trône, de la guerre et du monde, alla finir ses jours sous le froc à Saint-Sauveur de Redon, qu'il combla de richesses. Il eut le triple mérite du courage, de la piété et de la sagesse. On lui doit une excellente administration de la justice, et la réorganisation des Etats, qui avaient beaucoup souffert des guerres extérieures et des troubles civils. A la mort de Constance, sa première femme, il avait épousé l'aimable et pieuse Ermengarde, fille du comte d'Anjou; à l'exemple de son mari, la duchesse voulut ensevelir sa vieillesse dans un couvent. Son fils aîné, Conan III, fut duc de Bretagne après la retraite de son père.

Le long règne de Conan III (1112-1148) fut marqué par des guerres civiles et religieuses, et par deux événements dont l'un fut aussi fatal à la Bretagne que l'autre devait être heureux pour l'Europe. Le premier est le traité de Gisors, par lequel Louis-le-Gros, roi de France, reconnut la suzeraineté du roi Henri d'Angleterre, comme duc de Normandie, non plus seulement pour une portion de la Bretagne, mais sur la Bretagne tout entière. Le second n'est autre que l'affranchissement des communes en France, en Allemagne et en Angleterre. Il s'en faut, toutefois, que ce prince les ait affranchies en Bretagne; la bourgeoisie y était depuis longtemps constituée; il ne fit que la consolider par des lois qui soulagèrent les petits en réprimant les grands, et donnèrent au pouvoir ducal une nouvelle popularité.

L'homme de Bretagne qui fit le plus de bruit dans ce siècle et dans le monde entier, fut Pierre Abailard. Né dans le bourg du Pallet, entre Nantes et Clisson, en 1079, il fut confié, dès son enfance, par son père Bérenger, à des maîtres habiles, dont les leçons développèrent bientôt en lui de merveilleuses facultés. Dévoré de la soif d'apprendre, il parcourt les provinces, ici interrogeant les savants, là appelant au combat les maîtres du raisonnement et de la science. C'était l'époque où les belles-lettres, pendant longtemps abandonnées, commençaient à refleurir, et le pape Grégoire VII n'avait pas peu contribué à ce réveil de l'esprit humain, en faisant triompher l'intelligence opprimée par la force. Dans tous les monastères surgissaient des professeurs habiles; un grand nombre d'écoles inférieures se transformèrent er universités. Abailard ne tarda pas à se placer à la tête du mouvement qui se produisait partout : il joignait à un grand talent comme dialecticien, une connaissance plus qu'ordinaire de la philosophie grecque, et la lecture des classiques avait donné à son esprit un certain caractère d'élégance et de liberté qui relevait singulièrement sa manière d'enseigner et d'écrire. Son enseignement attira à Paris une foule incroyable de jeunes gens; de là la fondation de l'Université. Mais des erreurs très graves contre la foi l'entraînèrent à la révolte contre l'Eglise, et de là à des fautes honteuses, qu'il pleura plus tard. Il mourut à Cluni, en 1142, à l'âge de soixante-trois ans.

Conan-le-Gros régnait encore lorsqu'eut lieu la seconde croisade, sous la conduite du jeune roi de France Louis VII. Ceux des seigneurs bretons qui étaient revenus de la première, et quelques autres dont les noms sont restés inconnus, y prirent généreusement part. L'expédition n'eut malheureusement d'autres résultat qu'une victoire de Louis VII près du Méandre, et la destruction de l'armée française et flamande.

CHAPITRE VII.

La féodalité en Bretagne. — Alleux et fiefs. — Les droits féodaux. — La chevalerie. — Le clergé. — Les moines. — Les vassaux. — Sciences et arts. — Commerce. — Marine. — Mœurs et usages.

Le germe de la féodalité, inhérent aux institutions gauloises et que n'avaient pu étouffer les invasions romaine et germanique, se développa lentement en Bretagne. Le recueil des lois galloises d'Hoël-Dda, — Hoël-le-Bon, — jeta une vive lumière sur les institutions bretonnes antérieures et contemporaines au dixième siècle. On trouve dans ce code le chef de race substitué au père de famille, et les biens de famille aux biens personnels; le droit d'aînesse inconnu, mais la légitimité établie sur les plus fortes bases; l'inféodation des sujets au seigneur, héréditaire et absolue; le sort des femmes adouci autant que le permettait l'époque; la communauté des biens dans le mariage; la destination des obligations civiles et des obligations de bonne foi établie aussi judicieusement que dans nos codes modernes; les successions divisées comme chez tous les peuples primitifs; les diverses conditions sociales du brenin, — le chef, — du noble et du vassal, en rapport avec les conditions du seigneur, du chevalier et du vassal bretons.

Ainsi qu'on le sait, la transformation du régime allodial en régime féodal commença à la mort de Charlemagne pour s'achever au onzième siècle. Il ne resta plus alors d'alleux en France ni en Bretagne, et cela s'explique : tout propriétaire, sous peine de se ruiner en s'isolant, dut s'assurer contre le brigandage de la guerre en s'inféodant, c'est-à-dire en s'alliant, moyennant redevance, à un propriétaire plus puissant que lui. De là cette solidarité immense, qui fit l'union et la force de la féodalité.

Le principe fondamental de la constitution bretonne fut toujours que le roi ou le duc ne pouvait toucher à aucun intérêt public sans l'avis et le consentement des seigneurs du pays. Une défense solennelle des seigneurs empêcha Salomon III de quitter le pays. Il y avait, du reste, deux sortes de conseils : l'un particulier, libre, et d'institution ducale; l'autre public, essentiel, nécessaire, appelé à débattre les grandes questions d'intérêt public. Cette dernière assemblée se composait de neuf prélats et de neuf barons, des bannerets, des chevaliers, des bacheliers et des écuyers du pays. Ce fut le commencement des fameux Etats de Bretagne.

Les ducs octroyaient la noblesse aux roturiers : il y avait des femmes anoblies sans que leurs maris le fussent; on ne pouvait sans l'aveu du duc changer de nom ni prendre des armoiries. Les charges des officiers de la cour étaient, au temps du roi Salomon, le privilége des évêques, des abbés, des ducs et des comtes; ces officiers étaient assez nombreux.

Les Menhirs de Carnac.

Les seigneurs bretons naissaient conseillers du souverain pour toute chose publique. Le duc ne pouvait lever un seul impôt sur les terres d'un baron sans son consentement. Quant aux barons, il ne leur fut pas permis à toutes les époques d'imposer leurs vassaux suivant leur caprice. Leur droit par excellence était celui de guerre privée, le droit de la vengeance, et le christianisme essaya en vain de l'étouffer sous sa loi d'amour. Tous les parents de l'agresseur, d'abord jusqu'au septième degré, puis jusqu'au quatrième, étaient tenus de prendre part aux guerres de famille, sinon ils étaient exclus de la succession, des amendes et des intérêts civils. Il va sans dire que les vassaux suivaient le seigneur et combattaient sous sa bannière, du moins dans les limites de sa seigneurie. Il n'y avait d'exempts que les clercs, les moines, les femmes, les mineurs, les habitants des maladreries, les voyageurs d'outre-mer et les employés aux ambassades. L'armée du seigneur se complétait par les soudoyés ou soudards, qu'enrôlaient ses officiers.

La justice seigneuriale avait trois degrés : la haute, la moyenne et la basse justice. Toutes trois appartenaient au seigneur de trois châtellenies pouvant faire garder son castel par ses vassaux; les seigneurs inférieurs n'exerçaient que la moyenne et la basse. Les formes judiciaires, pendant les premiers siècles, étaient d'une simplicité vraiment patriarcale : l'accusateur portait sa plainte, l'accusé se défendait, et la sentence était prononcée séance tenante. Le serment sur les livres saints jouait un très grand rôle dans les causes civiles; on avait recours aussi aux épreuves du fer chaud, de l'eau bouillante et des charbons ardents. Les procès et la querelle des gentilshommes se terminaient par les duels connus sous le nom de jugement de Dieu. Le symbole de l'instrument de toutes les justices se dressait devant le chef-lieu de chaque seigneurie. C'était un gibet composé de trois ou quatre piliers, et d'où pendaient des squelettes. Quant aux droits des châtelains, ils étaient aussi nombreux que variés et bizarres. Il y en avait, par exemple, qui portaient à la messe une baguette d'argent; d'autres recevaient un chapeau de roses, « rendu sur la teste de l'imaige de monsieur saint Georges; » d'autres encore faisaient chanter une chanson à la nouvelle mariée.

La chevalerie, sœur jumelle de la féodalité, s'organisa en Bretagne, comme en France, sous l'inspiration chrétienne, pendant les siècles héroïques du moyen-âge, et elle conserva toujours quelque chose de la grandeur et de la pureté de son origine. On lui doit d'avoir adouci les mœurs des hommes les plus farouches, et donné parfois aux femmes le courage des lions. Les chevaliers possédaient des droits presque égaux à ceux des barons; ils relevaient immédiatement du duc; les barrières des lices, les ponts des châteaux s'abaissaient devant eux. Comme les seigneurs, ils avaient des armoiries, et ils les portaient sur l'écu, la cotte de mailles et la bannière.

« Le soleil, dit le père Maunoir, n'a jamais éclairé canton où ait paru une plus constante et invariable fidélité dans la vraie foi qu'en Bretagne. » Ces paroles, appliquées à des temps qui ne sont plus, seraient encore aujourd'hui l'expression de la vérité : on peut juger par là de l'influence et de l'autorité du clergé au moyen-âge. L'évêque était juge suprême et à peu près maître absolu dans sa ville. En temps de guerre, ses hérauts et ceux du duc faisaient marcher les deux armées sous l'une et l'autre bannière, et la justice de l'évêque était complètement indépendante de celle du duc. Le seul pouvoir qui balançait l'autorité épiscopale était celui du chapitre, sorte de parlement ecclésiastique qui partageait, avec le peuple, l'élection des évêques. Les ecclésiastiques se divisaient en deux classes : les chanoines et les prêtres ou clercs; leurs revenus étaient considérables, et ils ne payaient ordinairement aucun droit pour le transport de leurs meubles et de leurs denrées.

La puissance des moines était aussi très grande; elle était le résultat des richesses que possédaient un grand nombre de monastères. Tandis que les nobles mouraient sur les champs de bataille, les religieux, seuls capables de les remplacer, héritèrent de leurs pouvoirs civils et juridiques, et les abbés devinrent de hauts barons dans leurs opulentes abbayes. Si les monastères étaient nombreux, les hôpitaux ne manquaient pas non plus, et c'était encore un des bienfaits du clergé. Fondés et entretenus par les églises, ils recevaient, les uns les pauvres, les autres les vieillards, ceux-ci les malades, ceux-là les enfants; tous s'ouvraient aux pèlerins qui venaient frapper à leur porte.

Au-dessous des seigneurs et des gens d'église, on trouvait les vassaux nobles, les bourgeois et les paysans.

Presque toute seigneurie avait des vassaux nobles ou vavasseurs. Justiciables de leur seigneur, ces vassaux lui devaient un cens annuel, des services de guerre, et ne pouvaient disposer de leurs terres sans son agrément. Ils payaient les lods et ventes de leurs acquisitions, et, en mourant, le rachat de leurs terres nobles.

La condition des bourgeois était fort peu féodale; suivant D. Morice, ils étaient libres, mais ne jouissaient pas de l'exemption d'impôts. Aussi la plupart s'affranchirent-ils si rapidement, qu'il fallut l'intervention ducale pour les empêcher de s'emparer des fiefs nobles : l'acquisition de ces fiefs ne leur fut pas, du reste, toujours défendue. Les Bretons possédaient donc les priviléges attachés à la commune; le nom de commune, toutefois, ne parut chez eux qu'après la réunion à la France.

Quant au servage, il n'exista jamais en Bretagne, du moins généralement, qu'aux époques de conquête et de sujétion. A partir du dixième siècle, toute trace de servitude effective avait à peu près disparu; depuis ce temps, les vassaux jouirent des libertés et des avantages du colonat.

La première science était la guerre. Le pays, dit Guillaume de Poitiers, fournissait un nombre considérable de soldats. Dans cette province, ajoute-t-il, un seul guerrier en suscitait cinquante. Adonnés de préférence aux armes et à l'éducation des chevaux, beaucoup dédaignaient la culture de la terre, ne mangeaient presque point de pain et vivaient de laitage. Prompts à rompre les rangs des ennemis, difficiles eux-mêmes à enfoncer, ardents et féroces dans le combat, ils

dépouillaient les morts après la victoire. Pauvres chez eux,
ils ne demandaient qu'à prendre part aux querelles de leurs
voisins pour une solde raisonnable.

Les arts les plus cultivés après la guerre étaient la fau-
connerie et la chasse. Pour ce qui est des lettres, de
l'éloquence et de la poésie, elles résidaient sur la rote des
chanteurs populaires, dans les palais épiscopaux et sous les
arceaux des cloîtres. L'idiome celtique, dans toute sa pureté,
était la langue des chanteurs populaires ; les prêtres et les
moines faisaient usage du latin. Un grand nombre de personnages éminents sortaient des écoles ouvertes dans les cathé-
drales et les monastères ; des évêques enseignaient eux-
mêmes, comme saint Félix, la théologie, la morale, la dialec-
tique, la rhétorique, la géométrie, l'arithmétique, la musique,
et souvent la poésie.

Le commerce et la marine avaient leur principal entrepôt
à Nantes. L'un et l'autre s'étendaient jusqu'aux pays loin-
tains, car lorsque Charlemagne et sa cour aperçurent les premiers pirates du Nord aux environs de Narbonne, plusieurs
les prirent pour une flotte de navires bretons. Dès les croisades, les escadrilles des corsaires malouins étaient proclamées
les troupes légères de la mer, incommodant l'ennemi, divisant
les forces, balayant les croiseurs et butinant de riches car-
gaisons.

L'industrie n'était pas aussi bornée qu'on pourrait le
croire. Outre les armes, qui étaient d'un travail remarquable, on fabriquait pour les églises et les tombeaux des lam-
pes de la plus grande richesse, en forme de couronnes, sup-
portant des vases de faïence ou de métal. Il existait, au
sixième siècle, des maisons de poste, placées de distance en
distance sur les grands chemins. On cultivait la vigne sur le
territoire de Nantes et dans les environs de Malestroit.

Il serait trop long de décrire les mœurs et les usages des
Bretons jusqu'au onzième siècle ; qu'il suffise d'en effleurer
les points caractéristiques. Beaucoup de seigneurs mar-
quaient noblement les bornes de leurs terres avec la lame de
leur épée. Le deuil des femmes se portait en jaune et leur

douleur se traduisait par des convulsions; il en est encore ainsi dans la Cornouaille. Il y a, il faut en convenir, quelque chose de poétique et de touchant dans cette couleur des feuilles mortes et du deuil de la nature au déclin de l'année, appliquée à celui des épouses sur le déclin de la vie.

Un concile assemblé à Nantes au septième siècle dut régler les pénitences publiques imposées à certaines fautes. Il réprouvait aussi les repas qui terminaient d'habitude toutes les affaires, et dans lesquels les convives oubliaient trop souvent les lois de la sobriété. Un article du même concile montre combien les souvenirs druidiques persistaient opiniâtrément dans les croyances populaires : « Les prêtres, dit-il, mettront tous leurs soins à faire arracher et brûler les arbres auxquels le peuple rend des hommages superstitieux, et dont il n'ose couper une branche ni un rejeton. Il y a aussi des pierres dans les lieux abandonnés et dans les bois, devant lesquelles le même peuple dépose des vœux et des offrandes. Il faut les enlever toutes jusqu'à leur base enfoncée dans la terre, et les éloigner des habitations de leurs adorateurs. »

CHAPITRE VIII.

Conan IV. — Les Plantagenets. — Geoffroy II. — Constance et son fils Arthur. — Mort d'Arthur. — Mariage de la princesse Alix avec Pierre de Dreux.

Conan III avait épousé Mathilde, fille de Henri Ier, roi d'Angleterre ; de ce mariage étaient nés un fils et une fille, Hoël et Berthe. Conan, en mourant, désavoua son fils; ce fut la cause d'une guerre civile qui dura un demi-siècle, et livras la Bretagne à l'Angleterre. Nantes et Quimper reconnurent Hoël; Rennes accepta Eudon de Porrhoët, second mari de Berthe. Mais, pendant que les deux rivaux combattaient, Geoffroy d'Anjou, frère du roi d'Angleterre Henri II, franchit les portes de Nantes. Un quatrième compétiteur survint, qui évinça tous les autres : ce fut Conan IV, fils de Berthe et d'Alain-le-Noir, son premier époux. A la suite de plusieurs batailles, il fut proclamé duc de Bretagne.

A peine monté sur le trône, Conan se montra indigne du pouvoir. Il céda lâchement à Henri II le comté de Nantes, et le prince confisqua en outre le comté de Richemont en Angleterre; la Bretagne eût été perdue, si Eudon, réfugié à la cour de France, n'était venu soulever le pays de Vannes et de Cornouaille contre son lâche parent. Conan se vit alors réduit au comté de Rennes. Henri II lui avait enlevé une partie de ses Etats, et le roi de France protégeait le rival qui lui disputait le reste. L'Armorique tout entière était en proie à la dévastation. Conan ne comprit pas que le seul moyen d'échapper à ses ennemis était de les rallier contre Henri II pour le salut commun : il préféra gagner l'Angleterre et se mettre à la merci de son ambitieux protecteur, et il finit par donner sa couronne à Geoffroy, troisième fils de Henri II, en lui fiançant sa fille Constance, âgée de cinq ans; puis il se retira dans le comté de Guingamps, où il mourut ignoré, en 1170.

L'indépendance bretonne eut encore ses héros dans cette crise fatale. L'indomptable Eudon forma une nouvelle ligue contre Henri II, et ce ne fut qu'avec bien de la peine que le prince de la race des Plantagenets parvint à raser les châteaux et à brûler les villes qui lui résistaient. Le roi de France, invoqué par Eudon, ne comprit pas son rôle, ou ne voulut pas le remplir. Il se contenta d'avoir avec Henri II plusieurs entrevues, qui ne furent qu'une comédie, et à la suite desquelles Geoffroy II, à peine âgé de cinq ans, fut couronné à Rennes. Eudon mourut en exil, pauvre seigneur de deux paroisses, lui qui avait possédé le plus grand fief de son pays.

Un prince anglais avait en mains le sceptre de Noménoë, mais le moment n'était pas venu cependant où l'Armorique devait perdre son indépendance. L'œuvre de Henri II s'écroula dans le sang. En 1186, Geoffroi voulut détacher l'Aujou des possessions de son père, et il alla chercher des

secours près du roi Philippe-Auguste, son allié. Dans un
tournoi, il tomba de cheval, et on l'emporta brisé dans sa
maison; tous les soins ne purent l'empêcher de succomber,
à l'âge de 28 ans. Philippe-Auguste le fit enterrer à
Notre-Dame de Paris; la Bretagne ne réclama pas ses restes.
Son règne avait été marqué par la célèbre assemblée de
barons connue sous le nom d'*Assise des Geoffroy* (1185), dans
laquelle il fut décidé que les héritages nobles appartien-
draient à l'aîné, et aussi par le voyage en Palestine d'un
nombre prodigieux de seigneurs anglais, normands, ange-
vins, tourangeaux et bretons.

Au mois d'avril 1187, Constance, la veuve du duc, donna
naissance à un fils. Henri II ayant voulu conférer son nom
au nouveau-né, les barons de Bretagne s'y opposèrent avec
énergie, et, aux acclamations de tout le pays, choisirent celui
d'Arthur pour l'héritier de Geoffroy-Plantagenet. La mère de
l'enfant fut unanimement proclamée régente. Mais, quelques
années après, Richard, l'un des fils de Henri II, et son successeur au trône d'Angleterre, chercha à obtenir cette régence,
et commit des atrocités dans les campagnes bretonnes; il
finit par se faire tuer au siège du château de Châlus, dans le
vicomté de Limoges. Comme il ne laissait pas d'enfants,
Arthur semblait devoir être appelé à hériter de la couronne
d'Angleterre, ainsi que de la Normandie, du Maine, de l'Anjou, de la Touraine et de l'Aquitaine. Il y avait des droits du
chef de son père Geoffroy; mais il se les vit contester par
Jean-sans-Terre, dernier des fils de Henri II. Jean produisit
un testament dont il n'avait jamais été question jusqu'alors,
et par lequel Richard lui transmettait ses droits à l'héritage
des Plantagenets. L'aristocratie anglo-normande et la Normandie le reconnurent sans difficulté; mais les provinces de
l'ouest, l'Anjou, le Maine, la Touraine se déclarèrent pour
Arthur, qui fut proclamé roi d'Angleterre, Philippe-Auguste,
comptant sur l'appui des Bretons dans sa lutte contre Jean-
sans-Terre, prit en mains la cause du jeune duc. Il s'avança
jusqu'au Mans, où son protégé lui vint faire hommage, et là,
malgré l'extrême jeunesse de ce prince, il lui conféra le

grade de chevalier. Mais il n'en mit pas moins très peu d'em-
pressement à lui fournir des troupes pour repousser celles
de Jean-sans-Terre, ne voulant pas laisser plus de puissance
au duc de Bretagne qu'au roi d'Angleterre, et il finit par
abandonner le fils de Constance, quand il eut assez effrayé le
prince Jean avec le fantôme d'Arthur. Par le traité conclu
entre les deux souverains, en 1200, Jean fut maintenu dans
les États de son frère Richard, et Arthur se vit indignement
déshérité : il fallut qu'il se reconnût lui-même son
vassal.

Philippe et Jean se méfiaient trop l'un de l'autre pour de-
meurer d'accord. Dès l'an 1202, ils recommencèrent à guerroyer, et son intérêt le ramena vers le duc de Bretagne. Il
lui rendit toutes les provinces qu'il lui avait enlevées, puis
il l'envoya les reprendre, à la tête d'une poignée d'hommes.
La petite armée d'Arthur se grossit bientôt de soldats venus
de tous les points de l'Armorique, et, comme il n'avait que
seize ans, rempli d'ardeur, il commit une faute qui amena sa
captivité. Entré dans le Poitou, il mit le siège devant la ville
de Mirebeau, où s'était renfermée la reine Éléonore. Cette
princesse n'eut que le temps de se réfugier dans une tour.
Mais à peine les Bretons avaient-ils occupé la place, que le
roi Jean, averti par des espions, accourut avec des forces
considérables, et le jeune duc se trouva bloqué par son
oncle. Guillaume des Roches, un traître, que le hasard avait
conduit dans le camp des Anglais, promit de faire rendre la
ville si le roi s'engageait à traiter honorablement son neveu.
Jean promit tout ce qu'on voulut; et dès qu'il eut le jeune
duc en sa puissance, il donna l'ordre de le mener à la citadelle de Falaise; là tous les moyens furent employés pour
contraindre l'infortuné à se désister de ses droits. Comme il
refusait d'y consentir, trois serviteurs du roi furent envoyés
à Falaise pour le mettre à mort. Deux d'entre eux n'eurent
pas le courage de se présenter à la forteresse; le troisième
fut honteusement chassé par le commandant du château.
Depuis ce jour, Arthur, grâce à l'affection des gardiens, se
sentit moins malheureux. Mais, peu de temps après, un mes-

sager du tyran apporta l'ordre de transférer le prince de Rouen dans une tour que baignait la Seine.

Une nuit, — le 3 avril 1203, — le prisonnier fut réveillé en sursaut, et on le conduisit au pied de la citadelle; il y avait là un bateau dans lequel avaient déjà pris place Jean-sans-Terre et Pierre de Maulac, son écuyer. A la vue de son oncle, Arthur comprit que sa dernière heure était venue. Le courage qu'il avait montré jusque-là l'abandonna tout-à-coup; jeune et naguère encore plein d'espérance, il se jeta aux pieds du roi, le conjurant par les noms les plus tendres de lui laisser la vie. Ce fut en vain. Jean, le saisissant par les cheveux, le perça de part en part, et le précipita dans la rivière. Le lendemain, des pêcheurs trouvèrent le cadavre du prince, et l'ensevelirent en secret. Jean fit répandre le bruit que son neveu s'était noyé en voulant se sauver de la tour.

Ainsi périt celui sur la tête duquel les populations de l'une et l'autre Bretagne avaient placé tant d'espérances. A la nouvelle de cet attentat, l'Armorique se leva en poussant des cris de vengeance. Nobles, bourgeois, paysans, tout le pays fut à l'instant sous les armes. Les barons réunis à Vannes conférèrent le gouvernement du duché à Guy de Thouars, beau-père d'Arthur et veuf de Constance, et envoyèrent une députation au roi de France pour le conjurer de venger la mort de leur duc. Philippe somma aussitôt Jean de comparaître à sa cour pour se justifier de l'accusation portée contre lui. Sur son refus d'obéir à la sommation de son suzerain, le meurtrier, déclaré coupable du crime d'homicide et de félonie, fut condamné à perdre la vie et dépouillé de toutes les terres qu'il possédait en France.

En exécution de ce jugement, Philippe fit envahir l'Aquitaine et la Normandie, pendant que les Bretons emportaient d'assaut le mont Saint-Michel; Jean se décida à retourner en Angleterre, et s'embarqua à la Rochelle. Alors le roi de France, sans tenir compte des droits d'Eléonore, sœur aînée d'Arthur, que les princes anglais retenaient depuis quarante ans au couvent de Bristol, fit épouser à Alix, fille de Guy de Thouars, Pierre de Dreux, arrière-petit-fils de Louis-le-Gros. Mauclerc n'apportait qu'un beau nom sans puissance à l'enfant qui lui donnait le duché de Bretagne et le comté de Richemont; on le dota des seigneuries de Fère-en-Tardenois, de Pontoise, de Brie-Comte-Robert, de Chailly et de Longjumeau. Philippe ne s'oublia pas lui-même dans le contrat de mariage : le nouveau duc fut tenu de faire à la couronne de France l'hommage-lige si opiniâtrément refusé par ses prédécesseurs.

CHAPITRE IX.

La maison de France : Pierre Ier (Mauclerc). — Dernières croisades. — Jean Ier. — Jean II. — Arthur II. — Jean III. — L'ancienne coutume. — Jeanne de Penthièvre et Jeanne de Montfort. — Jeanne de Montfort et les Anglais. — Guerre continuée par Jeanne de Montfort et Jeanne de Penthièvre.

Mauclerc, homme d'un brillant courage, était en outre l'un des plus habiles politiques de son siècle. Mais tous les dons que le ciel lui avait départis ne devaient servir qu'à opprimer le peuple qu'il était chargé de gouverner. Nourri dans les principes de gouvernement absolu, qui déjà, grâce à l'influence des légistes, avaient germé à la cour de France, à peine assis sur le trône de Noménoë, il voulut franchir les bornes assignées par l'ancienne coutume du pays au pouvoir du souverain, et commença à battre en brèche la puissance du clergé et celle de l'aristocratie féodale. La noblesse indignée courut aux armes; elle fut vaincue près de Château-briand : le sang coula dans l'Armorique jusqu'au jour où, accablé sous le poids des foudres de l'Eglise et de la haine publique, le duc se vit forcé d'abdiquer en faveur de son fils Jean. Il partit alors pour la Terre-Sainte sous le nom de Pierre de Braine, chevalier. Par habitude, cependant, on l'appela jusqu'à sa mort comte de Bretagne.

Mauclerc reçut du pape le commandement de la croisade

de 1239. Il s'y couvrit de gloire sans pouvoir épargner à des milliers de braves les horreurs de la captivité. Instruit de ces malheurs au fond de la Bretagne, le comte de Cornouaille engagea ses terres, quêta pour les prisonniers de la Palestine, et parvint à les délivrer du long martyre qu'ils subissaient aux mains des infidèles. Neuf ans après, le 25 août 1248, Mauclerc repartit avec Louis IX pour la Terre-Sainte, en compagnie de nombreux seigneurs bretons; il fut glorieusement blessé au fatal combat de la Massoure. « A nous vint, dit Joinville, le comte Pierre de Bretaingne, et estait navré d'une espée parmi le visage, si que le sang li cheoit en la bouche; sus un bas cheval bien fourni seoit; ses rênes avoit gettées sur l'arçon de la selle et les tenoit à ses deux mains, pour ce que la gent qui restait derrière, qui moult le pressait, ne le gettassent au bas. Bien sembloit que il les prisait pou; car quand il crachoit le sang de la bouche, il disoit : Vois, pour le chief Dieu, avez veu de ces ribauds? » Pris par les infidèles et racheté par saint Louis, Pierre mourut sur mer en regagnant la France. Le duc Jean, son fils, envoya chercher son corps et le fit inhumer en grande pompe à l'abbaye de Saint-Ived-de-Braine, près de Soissons. Outre ses talents politiques et militaires, Pierre de Dreux composait des chansons qui rivalisaient avec celles de Thibault de Champagne.

Les successeurs de Mauclerc, Jean Ier, dit le Roux, Jean II et Arthur II, se transmirent paisiblement, pendant près d'un siècle, la couronne que le chef de leur dynastie n'avait pu se conserver. Le calme ne dura pas plus longtemps : funeste avant-coureur, dit M. Aurélien de Courson; il présageait le plus terrible des orages qui eussent encore assailli la Bretagne.

Arthur II était mort en 1313, laissant trois fils de Marie de Limoges, sa première femme, et, de son mariage avec Yolande de Dreux, un fils, Jean de Montfort. Jean III, héritier d'Arthur, avait conçu contre sa belle-mère une haine implacable, dans laquelle il enveloppait Jean, son frère consanguin. Pour ne pas léguer le pouvoir à ce prince, il se mit en devoir d'assurer à la fille de son frère, Guy de Penthièvre, les droits que la coutume du pays lui donnait, à l'exclusion de son oncle, sur l'héritage de Bretagne.

Les Etats, consultés par ce prince, ayant déclaré qu'ils s'en rapportaient à sa sagesse, Jean chercha dans la famille du roi de France un gendre capable de protéger sa nièce contre l'ambition inquiète de Montfort. Son choix tomba sur Charles de Blois, fils de Guy de Châtillon, comte de Blois; mais toutes ces précautions de la sagesse humaine pour prévenir le mal ne firent, comme il arrive trop souvent, que précipiter le moment de la catastrophe. La mort de Jean III fut le signal d'une nouvelle guerre civile.

La Bretagne, théâtre d'obscurs événements depuis plusieurs siècles, voit commencer ici une ère nouvelle. Comme autrefois la Normandie, elle devient le champ de bataille où se débattent les intérêts de la France et de l'Angleterre. La juste réputation de valeur que vont acquérir les guerriers bretons ajoutera plus tard à la puissance de la France : du Guesclin, Clisson, Richemont lui serviront de bouclier contre les invasions anglaises.

Montfort, au premier bruit de la mort de son frère, s'était fait proclamer duc de Bretagne. N'ayant rien à attendre de Philippe de France, protecteur de Charles de Blois, il se tourna du côté de l'Angleterre. Edouard III, qui gouvernait alors ce royaume, avait pris les armes en 1335 pour disputer à Philippe de Valois une couronne qu'il revendiquait du chef de sa mère, fille de Philippe-le-Bel. Dans sa première campagne, le monarque anglais, attaquant la France par la Flandre, était parvenu à reformer la ligue que Philippe-Auguste avait brisée à Bouvines. La querelle de la succession de Bretagne vint à point offrir de nouvelles chances à l'ambitieux Edouard; aussi s'empressa-t-il d'admettre la légitimité des droits du comte de Montfort. Cependant telle n'avait pas toujours été sa conviction; il avait reconnu formellement dans Jeanne de Penthièvre l'héritière du duché de Bretagne, quand, en 1337, il avait sollicité la main de cette princesse pour le comte de Cornwal, son frère; mais maintenant il n'hésitait pas à sacrifier un principe à ses intérêts. De son côté, le roi de France, héritier du trône par exclusion de la race féminine, prit en mains la cause de Charles de Blois, qui tenait tous ses droits de sa femme.

La guerre se poursuivit plusieurs années et n'offrit de part et d'autre que des alternatives de succès et de revers. La noblesse bretonne se jeta dans la mêlée avec l'enthousiasme qui caractérise le génie de cette race; les femmes elles-mêmes, portant le casque et la cuirasse, prirent part aux batailles, mais les masses restèrent froides au milieu de toutes ces scènes de chevalerie. Un sentiment de nationalité semblait leur dire que l'on se battait, non pour les intérêts du pays, mais pour la suprématie de la France ou de l'Angleterre.

L'armée de Charles de Blois prit Carquefou, Châteauroux, et assiégea Montfort dans Nantes, où il avait eu l'imprudence de s'enfermer. La ville fut obligée d'ouvrir ses portes; le comte traita avec le duc de Normandie, mais ce prince, ou plutôt son père, ne l'enferma pas moins à la Tour du Louvre, où il le retint quatre ans. L'opinion publique se tourna dès lors vers Charles de Blois. Il ne restait plus à son rival qu'une femme pleurant sur un enfant au berceau : Froissard et d'Argentré nous apprennent comment cette femme releva la tête.

La comtesse Jeanne de Montfort était à Rennes lorsqu'elle apprit l'infortune de son mari. Au lieu de se laisser abattre, elle entreprit de ranimer le courage de ses partisans, et elle y réussit. Au printemps de 1342, lorsque Charles de Blois reprit les hostilités et s'approcha de Rennes, elle avait renforcé les garnisons dans toutes les villes de son obéissance, et s'était renfermée dans Hennebont. L'armée ennemie vint l'y assiéger, mais les défenseurs de la place, soutenus par l'exemple de la comtesse, résistèrent énergiquement jusqu'au jour où arrivèrent les secours sollicités de l'Angleterre. L'armée franco-bretonne, après un combat sanglant, leva enfin le siège et alla rejoindre Charles de Blois à Auray, qui fut prise, ainsi que Carhaix et Vannes.

4

Quelque temps après, Charles se décida à aller assiéger pour la seconde fois Hennebont; mais, pour la seconde fois aussi, il se vit contraint de reculer devant une femme, et il se replia sur Carhaix. Jeanne reçut de nouveaux secours d'Edouard, et Robert d'Artois, devenu l'idole du monarque anglais, saccagea Rohan, enleva Pontivy, le Faouet, la Roche-Derrien, Ploërmel, Malestroit, et laissant des troupes devant Vannes, Rennes et Nantes, ravagea tout ce qui se trouvait sur son passage. Charles de Blois, à qui le roi Philippe venait d'envoyer quatre mille armures de fer et trente mille hommes, marcha contre les Anglo-Bretons, et les rencontra dans les plaines de Vannes. Au moment où la bataille allait être livrée, on vit s'avancer entre les deux armées deux vieillards avec des robes et des bonnets rouges, le crucifix au col et le bâton à la main. C'étaient deux légats envoyés par le pape Clément VI pour suspendre cet égorgement de soixante mille hommes. Sur la prière des hommes de Dieu, les plénipotentiaires de Philippe et d'Edouard, réunis au prieuré de la Madeleine de Malestroit, jurèrent sur l'Evangile, au nom de leurs maîtres, une trève de trois années. (19 janvier 1343.)

Mais ce traité, tout en réservant au pape la décision des différends personnels de Philippe et d'Edouard, ne décidait rien entre Charles de Blois et Montfort, toujours enfermé au Louvre; aussi, à peine les Anglais et les Français se furent-ils retirés, que Charles ralluma cette guerre de partisans qui ne devait finir qu'à la bataille d'Auray.

Philippe s'était engagé à exécuter le traité conclu à Nantes en 1341; il fit donc proposer à Montfort la liberté, mais à la condition qu'il n'irait point en Bretagne, et qu'il renoncerait par serment à ses prétentions sur le duché. Le comte se montra digne de sa femme et de lui-même; il se remit les fers aux pieds pour garder la couronne au front. L'année suivante, Charles de Blois, placé à la tête d'une nombreuse armée, alla assiéger Quimper, et, s'en étant rendu maître, y commit des atrocités. Ces cruautés lui furent plus fatales que la perte de la ville à Montfort. A la nouvelle qu'il en reçut

au fond de son cachot, le prisonnier du Louvre se trouva
dégagé de tout serment. Il prit des habits de marchand, que
lui firent passer ses amis, et parvint à s'évader. Il courut en
Flandre et en Angleterre chercher des secours, fit hommage
à Edouard pour la Bretagne, et ne tarda pas à expier cette
faute en mourant à Hennebont. (1345.) Les geôliers, dit
Pitre-Chevalier, avaient usé en trois ans cette vie qui devait
encore durer un demi-siècle.

Nommé par Montfort mourant tuteur de son fils, Edouard
envoya de nouvelles troupes en Bretagne, et s'avança bientôt
lui-même jusqu'aux portes de Paris. L'heure fatale de Crécy
sonna pour la France. Au milieu de ce désastre général, les
partis de Blois et de Montfort continuèrent avec acharnement
leur guerre d'escarmouches, dont les maux furent encore
accrus par une famine. (1346.) Et cependant rien ne pouvait
abattre le courage de la veuve de Montfort, qui, suivie de
ses bas-Bretons, aussi indomptables qu'elle, promenait sur
les champs de bataille sa cotte d'armes noire sur son armure
de fer.

CHAPITRE X.

Jeanne de Montfort et Jeanne de Penthièvre. — Le combat des Trente. —
Le monument de Mi-Voie.

Charles de Blois avait vu le comte de Northampton, capitaine général d'Edouard, enlever un grand nombre de villes.
Il eut ensuite à soutenir la lutte contre d'Argworth, qui
résista à toute son armée avec une poignée d'hommes, et il
fut fait prisonnier, en voulant reprendre aux Anglais le
Roche-Derrien, à la suite de divers combats où, des deux
côtés, on avait accompli des prodiges de valeur. Transporté
d'abord à Vannes, il fut bientôt transféré à Londres.

La captivité de Charles eût terminé la guerre, si Jeanne de
Penthièvre n'eût été la rivale de la veuve de Montfort. Mais

cette autre héroïne prit en mains les affaires, et tel fut le nombre des soldats qui grossirent le parti français, que la ville de la Roche-Derrien ne tarda pas à être reprise à l'ennemi.

Philippe de Valois avait renouvelé la trève au mois de juin 1350. Mais il était mort deux mois après, et le duc de Normandie, qui lui succéda sous le nom de Jean II, laissa comme son père les deux partis de Blois et de Montfort ensanglanter la Bretagne.

C'est alors qu'eut lieu le fameux combat des Trente, qu'on peut regarder comme le résumé de toutes les guerres héroïques.

Thomas d'Argworth était convenu avec les principaux chefs franco-bretons qu'on respecterait de part et d'autre les travaux, les maisons et les personnes des laboureurs et des commerçants. Un transfuge du nom de Cahours l'ayant tué, le capitaine Bembroug, commandant pour Édouard et Montfort à Ploërmel, vengea la mort de son compatriote en portant, au mépris des trèves, le fer et le feu dans tout le pays. Le maréchal Robert de Beaumanoir, gouverneur de Josselin pour Charles de Blois, lui demanda un sauf-conduit pour pouvoir conférer avec lui. Il l'obtint et se rendit à Ploërmel. Sur la route, il rencontra des paysans enchaînés et traînés par des soldats anglais. Ému d'indignation, il reprocha vivement à Bembroug cette violation des traités. L'officier anglais lui répondit avec non moins de vivacité. — « Eh bien ! repartit Beaumanoir, choisissez un lieu et un jour, afin que les guerriers seuls portent le poids de la guerre ; prenez trente Anglais, je prendrai trente Bretons, et nous verrons qui a meilleur cœur et meilleure cause. »

Bembroug accepta le défi. Rendez-vous fut pris pour le samedi suivant au chêne de Mi-Voie, dans les landes de la Croix-Helléan, entre Ploërmel et Josselin, et chaque capitaine s'occupa de choisir ses compagnons. Beaumanoir trouva vite les siens ; quant à Bembroug, il fallut qu'il adjoignît aux vingt Anglais seuls dignes de sa confiance six Allemands ou Flamands, et, selon Morice de Lobineau, quatre Bretons.

Le jour fixé, chefs et champions entendirent la messe et se

Charlemagne fit occuper l'Armorique par Arnulphe. (P. 20.)

rendirent au lieu convenu, munis, la plupart, d'armes faites pour combattre à pied. Au premier choc, les Bretons eurent le désavantage. L'un d'eux fut pris, un autre mordit la poussière, deux furent gravement blessés. Beaumanoir et les siens multiplient leurs coups, et la lutte continue avec acharnement jusqu'à ce que les deux partis, exténués, à bout de force, sont contraints de s'arrêter pour se rafraîchir. Le combat recommence ensuite, et Bembroug, fondant sur Beaumanoir, le saisit à bras-le-corps et lui crie : « Rends-toi, Robert, je ne te tuerai pas. » Mais, en ce moment, il est renversé d'un coup de lance, et un Breton lui passe son épée au travers du corps. Les rangs se resserrent, et la mêlée devient furieuse. Beaumanoir éperdu demande à boire. — « Bois ton sang, Beaumanoir ! » lui répond Tinteniac, ou, suivant quelques-uns, Geoffroy du Bois. A ce mot sublime, le maréchal retrouve son énergie et retombe comme la foudre sur les Anglais. Guillaume de Montauban lance alors son cheval au plus fort des ennemis, et, rompant leur bataillon, assure la victoire à ses compatriotes. La meilleure partie des Anglais resta sur place, avec quatre Bretons. Le combat de Mi-Voie devint si fameux qu'on disait, un siècle après, en parlant des plus beaux faits d'armes : « Ce fut comme au combat des Trente. » Un poème a consacré le souvenir de cette glorieuse journée.

Le voyageur qui va de Ploërmel à Josselin, écrit Pitre-Chevalier, après avoir quitté les riants alentours de la première ville, entre dans une aride et vaste lande, sans verdure et sans arbres, tapissée de cette rude bruyère d'Armorique dont la fleur rend à peine une étincelle rouge aux plus vifs rayons du soleil. Au centre de cette lande, à égale distance des deux cités, s'élevait autrefois le chêne séculaire qui avait ombragé les champions de Mi-Voie. Vers la fin du seizième siècle, la cognée de la Ligue jeta par terre ce vieux témoin du combat des géants. Bientôt après, une croix de pierre remplaça le chêne. Elevée au bord même de la route, elle disait au passant de se découvrir et de prier. Abattue en

1775, elle fut relevée par les Etats de Bretagne, et l'on grava sur sa base cette inscription :

A LA MÉMOIRE PERPÉTUELLE
DE LA BATAILLE DES TRENTE,
QUE MONSEIGNEUR LE MARÉCHAL DE BEAUMANOIR
A GAGNÉE EN CE LIEU,
LE XXVII MARS, L'AN MCCCL.

La révolution de 1793 se flatta d'anéantir le souvenir des Trente avec le signe qui le perpétuait ; ce fut en vain. En 1811, le conseil d'arrondissement de Ploërmel demanda qu'une somme de six cents francs fût employée à ériger un monument en l'honneur des combattants de Mi-Voie. Le conseil général du Morbihan applaudit à cette idée, et vota pour le même projet une allocation de deux mille quatre cents francs. La première pierre fut posée le 11 juillet 1819, et M Bausset de Roquefort, évêque de Vannes, voulut lui-même la bénir.

Ce monument consiste en un obélisque haut de quinze mètres, large à la base d'un mètre soixante centimètres, et d'un mètre au sommet. Formé d'assises de granit ayant chacune soixante centimètres, il occupe le centre d'une étoile plantée de pins et de cyprès, dont la plus grande largeur est d'environ cent quarante mètres.

Sur la face de l'est on lit ces mots :

SOUS LE RÈGNE DE LOUIS XVIII,
ROI DE FRANCE ET DE NAVARRE,
LE CONSEIL GÉNÉRAL DU DÉPARTEMENT DU MORBIHAN
A ÉLEVÉ CE MONUMENT
A LA GLOIRE DE XXX BRETONS.

La face de l'ouest porte la même inscription traduite en langue celtique. Au sud sont gravés les noms des combattants ; au nord la date du combat, 27 mars 1350. Auprès du monument on a placé la pierre relevée en 1775 par les Etats de Bretagne.

CHAPITRE XI.

Bertrand du Guesclin. — Le jeune Montfort. — Bataille d'Auray; mort de Charles de Blois.

La victoire des Trente donna un peu de repos à la Bretagne, et les deux partis firent trève jusqu'à l'année suivante. Charles de Blois put recouvrer la liberté, en livrant à Edouard des otages, qui furent conduits à Londres par Beaumanoir, Yves Charruel, Penhouët, Saint-Pern, Martin de Frehières et Bertrand du Guesclin.

Ce jeune écuyer, qui va bientôt remplir la scène où il ne fait que paraître, était le fils de Robert du Guesclin, simple chevalier, seigneur de la Motte-Broon, entre Lamballe et Montauban, et de Jeanne de Mallemains, noble demoiselle de Normandie. « Il estoit, dit une chronique imprimée à Lyon en 1490, de moyenne stature, le visage brun, le nez camus, les yeulx verts, large d'épaules, longs bras et grosses mains; mais pour ce que de grand beaulté n'estoit-il pas plein, fut peu privé en sa jeunesse. »

Sa mère rêva une nuit qu'elle avait une boîte de pierreries, couverte d'un côté d'un caillou brut, de l'autre de trois diamants, de trois émeraudes et de trois perles confusément enchâssés : elle voulait enlever le caillou, estimant qu'il était indigne de la boîte; mais un lapidaire lui avait conseillé d'en prendre soin et de le faire essayer, et cette pierre était devenue la plus belle de toutes. Ce songe s'expliqua dans la suite par le nombre de ses enfants, égal à celui de ces pierres précieuses, et entre lesquels Bertrand du Guesclin brilla davantage; mais, en attendant, son caractère farouche et difficile faisait le désespoir de ses parents. « Or, il advint, à une fête de l'Ascension, que, à la Motte-Broon, vint une converse qui, jeune, avait été et estoit de grant science. Cette converse reparoissoit souvent en l'hostel du sire de Broon, qui débonnairement la recevoit et à ce jour la fit asseoir à sa table. Si regarda la converse que à la table seconde estoient assiz les trois enfants, et tout au dernier bout estoit assiz Bertrand qui estoit l'aisné; mais peu de compte et moins que les aultres en tenoit le chevalier. Elle considéra et advisa la manière de Bertrand, et au lever de la table print l'enfant qui estoit en l'âge de six ans, et après ce qu'elle lui eut regardé les mains et veu sa philozomie, elle demanda au chevalier et à la dame pourquoi on le tenoit si vilainement. La dame respondit : Belle amie, en vérité, cet enfant est tant rude, malicieux et divers en couraige, que oncques son pareil ne fut rien; car jà homme tant soit de haut lignaige ne luy fera ou dira son déplaisir, que tantost il ne soit par luy frappé. Bien sommes monseigneur et moi souventes fois doulens pour les griefs qu'il fait aux aultres enfans du païs, car jà ne cessera de les faire assembler pour les faire battre, luy-même combat avecq eulx, dont monseigneur et moy désirons souvent sa mort ou que oncques ne fust né. A celle parole respondit la converse : Madame, je vous affirme que sur cest enfant je voy un tel signe, que par luy seulement le royaume de France sera essanlcié, ne de son temps ne sera nul qui puisse estre à luy comparé de chevalerie. De ce se commença la dame à esjouyr, et d'illec en avant le tint plus chier. »

Cependant le caractère de Bertrand ne s'amendait guère en grandissant, et s'il sortait le plus souvent vainqueur de ses luttes avec les enfants du voisinage, il rentrait rarement à la Motte sans avoir quelques blessures et ses robes « desrompues. » Pour le guérir de son acharnement à se battre, son père l'enferma dans une tour; mais un jour qu'une chambrière lui apportait à manger, il lui enleva les clefs, l'enferma à sa place, s'enfuit à Rennes et se retira chez son oncle, d'où il se fit bientôt connaitre par son adresse dans les joutes et les tournois, préludes de ses entreprises guerrières. Pendant les fêtes célébrées à Rennes, en 1338, à l'occasion du mariage de Jeanne de Penthièvre avec Charles de Blois, il entra en lice, désarçonna les plus brillants chevaliers de la Bretagne. Voici comment l'historien cité plus haut raconte un des premiers exploits du jeune héros :

« Son oncle l'avait rendu à son père un peu plus raisonnable. Celui-ci lui donna un roussin et le mena aux tournois
du pays. Où se figure les éblouissements du jeune homme
au bruit des fanfares et des applaudissements, à la vue des
lances volant en éclats, des armures jetant mille étincelles,
des casques roulant dans la poussière!...

» Enfin il trouva l'occasion de montrer tout ce qu'il valait.
On célébrait à Rennes, par un grand tournoi, le mariage de
Jeanne de Penthièvre. Le seigneur du Guesclin faisait partie
des tenants. Bertrand assistait à la fête, monté sur son roussin. Triste équipage et plus triste rôle pour tant d'ambition!
Mais qu'y faire? Agé de dix-sept ans à peine, il n'avait encore ni armure ni cheval de bataille. Quand il vit les belles
dames défiler sur leurs palefrois, les chevaliers s'avancer
dans la lice, les écharpes et les bannières flotter au vent, les
hérauts compter et afficher les armoiries, les juges du camp
occuper les échafauds tapissés de haute lice, les concurrents
chevaucher les uns contre les autres, les coursiers secouer
leurs harnais de velours, les pétillements de l'acier, le
chatoiement de la soie, l'éclat de l'or et de l'argent se con-
fondre et se multiplier sous les rayons du soleil, Bertrand
oublia son modeste équipage, et se mêla par la pensée aux
joutes les plus brillantes... Mais bientôt voilà que les quolibets
de la foule le rejettent du ciel sur la terre, c'est à qui raillera
sa monture et son costume, son visage et sa tournure... Les
bons mots appellent les bons mots... Les insultes se croisent
en tout sens, les rires éveillent les rires... Chacun montre au
doigt ce pauvre cavalier,

Qui s'en va chevauchant le cheval d'un meunier.

» Comment peindre la honte, la douleur, le désespoir, la
rage, le délire de Bertrand? Oh! s'il pouvait monter le
cheval de ce champion qui se retire, s'il tenait d'une main
son écu et de l'autre sa lance!...

» Mais c'est le ciel qui l'inspire! ce champion est justement un de ses parents. Bertrand fend la presse et suit le
gentilhomme. Il arrive sur ses pas jusqu'à son hôtellerie...
Il le voit déposer son casque et son armure... Il s'élance et

tombe à genoux : « Oh! Monseigneur, ayez pitié de moi!
Par tous les saints du paradis, prêtez-moi une heure seulement votre cheval et vos armes, et, pour cette heure, je vous
donnerai ma vie entière. » Quel chevalier n'eût été touché
d'une prière semblable? « Oui dea, vous armerai, mon ami,
dit à Bertrand le bon sire; mais souvenez-vous que jamais
combattant n'a vu le dos de ma cuirasse. » Du Guesclin ne
put répondre qu'en baisant la main qui lui donnait des armes.
L'instant d'après, il traversait au galop les rues de Rennes,
et, la lance au poing, la visière basse, il entrait au tournoi.
Un des plus rudes champions est le premier qu'il défie. Les
trompettes sonnent, et les deux rivaux s'élancent. D'un seul
choc, Bertrand tue le cheval et culbute le cavalier. Celui-ci
demande le nom de son vainqueur : le vainqueur répond par
quinze victoires pareilles. Jamais on n'avait vu tant de force
et tant d'adresse. Les plus vieux jouteurs s'enthousiasment,
toutes les écharpes volent, toutes les mains applaudissent.
Ceux qui raillaient Bertrand tout-à-l'heure le saluent, sans
le savoir, de mille acclamations. Cependant qui triomphera
du terrible inconnu? Le seigneur du Guesclin, en sa qualité
de tenant du tournoi, s'avance en personne pour venger les
chevaliers de Rennes. Mais son fils a reconnu l'écusson paternel... Il baisse sa lance jusqu'à terre, et s'incline avec respect sur les arçons. Cette action met l'étonnement au comble; chacun veut absolument connaître le « champion aventureux, » le nom qu'on lui donne. Un chevalier normand,
fameux par son habileté, se charge de lui enlever sa visière.
Du premier coup, en effet, il décoiffe Bertrand; mais celui-
ci se surpasse par un dernier exploit. Passant tout près de
son rival, il le saisit du bras gauche, l'enlève de dessus sa
selle, et le renverse dans l'arène. A ce tour de force, plus
encore qu'à son visage, tout le monde a reconnu le jeune du
Guesclin. Son père, ivre de joie, l'embrasse au milieu des
applaudissements :

Certes, beau fils, dit-il, je vous acertifie
Que je vous donnerai, ne vous en faudra mie,

Or, argent et chevaux, tout à votre baillie,
Pour aller, tout partout, acquérir vaillandie.

Et déclaré d'une voix unanime « le mieux faisant, » Bertrand reçoit le prix des joutes, qui était un cygne d'argent de grandeur naturelle.

A partir de ce jour, il se déclara champion de Charles de Blois : il eut un cheval, des armes, une petite troupe de soixante compagnons plus ou moins nobles, mais tous intrépides comme leur épée, aventureux comme leurs destins. Cette troupe se grossit bientôt et fit beaucoup de mal aux Anglais, tombant sur leurs soldats en toute circonstance, au cri de « Notre-Dame Guesclin! » On le perd de vue pendant plusieurs années, mais il est facile de deviner ce qu'il devint durant cette période de sa vie. Il allait à travers les bois de son pays natal, la hache pendue au cou, l'épée au côté, détroussant et tuant les Anglais et leurs alliés.

Le jeune Montfort parut en Bretagne, avec le duc de Lancastre, cousin germain d'Edouard, au moment même où le mari de Jeanne de Penthièvre reprenait la direction de son parti. La guerre passa ainsi d'une génération à l'autre, menaçant d'être éternelle. Du Guesclin y prit une part très active. Le 3 octobre 1356, il parvint à entrer dans Rennes, et défendit vigoureusement cette ville jusqu'à ce que le duc de Lancastre en leva le siége, à la suite de la trève de Bordeaux. Charles de Blois lui donna en récompense la seigneurie de la Roche-Derrien. L'expiration de la trève fournit à Bertrand une nouvelle occasion de se signaler par la défense de Dinan; ensuite, sans abandonner son seigneur, il s'attacha au service du régent de France. Mais, placé sur un autre théâtre, il eut, en quelque sorte, à recommencer sa carrière, et il n'obtint d'abord que le grade de capitaine de cent hommes d'armes et la place de gouverneur de Pontorson. Vers cette époque, il se maria à Dinan avec Tiphaine Raguenel, et célébra, dit-on, ses noces par un combat contre les Anglais.

Le départ du roi Jean pour Londres, suivi de sa mort, laissa le trône à Charles V, l'un des princes les plus éclairés

qu'ait eus la France. La haute intelligence du nouveau
monarque se révéla tout d'abord dans le choix qu'il fit de du
Guesclin pour seconder ses projets. Un pareil bras, dirigé par
une pareille tête, devait sauver le royaume.

Appelé par son nouveau maître, du Guesclin accourt avec
ses invincibles soldats, qui le suivaient partout. Il joint le
maréchal Boucicaut, digne général d'un tel capitaine, et tous
deux enlèvent aux Anglais et aux Navarrois, leurs alliés,
Nantes et Meulan; les Bretons s'en donnent à cœur-joie. Puis
Bertrand se met aux champs contre le captal de Buch,
fameux chevalier gascon, chef des possessions navarroises.
Il le rencontre, le 16 mai 1364, sur les hauteurs de Cocherel,
à deux lieues d'Évreux, et gagne, avec sa petite armée, une
victoire qui lui vaut le titre de maréchal de Normandie et le
riche comté de Longueville. En échange de ce domaine, du
Guesclin céda au roi les prisonniers de Cocherel.

La guerre, un moment interrompue en Bretagne, se
ralluma sur ces entrefaites. Le jeune Montfort, après avoir
pris le château de Sucinio et la Roche-Derrien, assiégea
Auray. L'illustre Jean Chandos le joignit avec deux cents
lances; le reste de son « host » se composait de bas-Bretons,
d'Anglais, de Navarrois, et de ces aventuriers de diverses
nations qu'en appelait de longue main *compagnies*. L'armée
de Charles de Blois s'élevait presque au double, et n'était
formée que de cavaliers, sous les ordres de la plus haute
noblesse de France et de Bretagne. Du Guesclin la conduisait.
Le jour de la bataille fut fixé au 29 septembre. Le théâtre de
la lutte s'étendait depuis la ville d'Auray jusqu'au bourg de
Sainte-Anne : les Anglo-Bretons occupaient les hauteurs,
les Franco-Bretons la plaine; un petit ruisseau les séparait.

Le premier choc eut lieu entre les Bretons de du Guesclin
et les compagnons de Robert Knolles, mais bientôt les
seigneurs des deux partis s'avancèrent l'un contre l'autre
avec les bannières ducales, et la mêlée devint universelle.
Toute la noblesse anglaise, française et bretonne était aux
prises autour des deux rivaux; d'un bout à l'autre du champ
de bataille, on se « navrait, » au bruit des appels et des

défis, des cris de guerre et des cris de détresse. Enfin Charles
de Blois reçut un coup mortel, et cette nouvelle répandit la
consternation parmi les Franco-Bretons. Du Guesclin fut
contraint de se rendre à Chandos. Les vainqueurs poursuivirent les vaincus jusqu'au-delà de Vannes.

CHAPITRE XII.

Jean IV, duc de Bretagne. — Traité de Guérande. — Du Guesclin emmène
les *grandes compagnies* en Castille. — Sa captivité. — Il devient connétable de France. — Jean IV est chassé. — Charles V veut confisquer le
duché.

La cause de Jeanne de Penthièvre périt avec Charles de
Blois. Charles V reconnut le jeune Montfort comme duc de
Bretagne par le traité de Guérande, signé le 11 avril 1365, et
l'année suivante Jean IV se rendit à Paris pour faire hommage à son suzerain. Il revint ensuite en Bretagne, annonça
qu'il était en paix avec tout le monde, fit battre monnaie à
son effigie, et, assemblant les États du duché, remit autant
qu'il put les choses en bon ordre.

Un fléau plus terrible que les Anglais et les Navarrois, les
grandes compagnies, ravageait alors la France. Ces terribles
compagnons, repoussés des terres anglaises et bretonnes,
refluaient vers les provinces centrales, qu'ils appelaient in-
solemment leur chambre, et les troupes du roi se joignaient à
eux pour s'enrichir. Du Guesclin lui-même ne pouvait plus
contenir sa compagnie de Bretons, lorsque Charles V le
chargea de détourner le torrent tout entier. Bertrand s'en
acquitta avec une habileté parfaite, et alla conquérir avec
eux le trône de Castille. Voici dans quelles circonstances.

Don Pèdre-le-Cruel, sorte de fou sanguinaire, odieux à ses
sujets et à sa famille, occupait ce trône. L'un de ses frères,
Henri de Transtamare, résolut d'en délivrer l'Espagne, et
offrit de prendre les routiers à son service, à condition que
du Guesclin les commanderait. Charles V et le pape se

colisèrent avec lui pour payer la rançon de l'illustre capitaine, fait prisonnier à la bataille d'Auray, et, peu de temps après, trente mille hommes partaient de Châlons-sur-Saône, sous les ordres du chef breton.

En passant à Avignon, Bertrand obtint du pape pour ses soldats et pour lui l'absolution et deux cent mille florins d'or, après quoi il s'achemina vers l'Espagne. Les routiers franchirent les Pyrénées au cœur de l'hiver, et se trouvèrent réunis à Barcelone dans les premiers mois de 1366. Don Pèdre s'échappa de Séville à l'approche de cette terrible invasion et se réfugia en Aquitaine, auprès du prince de Galles, fils du roi d'Angleterre. Henri de Transtamare créa du Guesclin connétable de Castille, mais il renvoya presque tous ses hommes, qui entrèrent dans l'armée du prince de Galles. Les troupes anglaises livrèrent au nouveau roi et à son général, près de Navarette, une bataille où ils furent pris l'un et l'autre. Rendu à la liberté, quand on eut soldé sa rançon, Bertrand recommença vaillamment la lutte contre don Pèdre, qui périt, le 15 mars 1369, poignardé par son rival.

Non moins glorifié au-delà qu'en-deçà des Pyrénées, le héros breton, rappelé par le roi de France et par les populations, revint offrir ses services à Charles V, qui avait à défendre les seigneurs et les bourgeois d'Aquitaine contre les impôts forcés du prince de Galles. Une rupture s'ensuivit entre la France et l'Angleterre, et la guerre recommença plus acharnée que jamais. (1369.) Mais, tandis que du Guesclin obtenait du roi l'épée de connétable en récompense de ses triomphes sur les Anglais, le duc de Bretagne, allié secrètement à nos ennemis, leur ouvrait le chemin de la France à travers ses propres États. Les seigneurs bretons désapprouvèrent hautement cette conduite, et Olivier de Clisson, abandonnant Jean IV, son ami d'enfance, conclut avec le connétable son fameux pacte de fraternité d'armes, et se rua contre les Anglais avec une rage sans pareille.

Presque tous les barons agirent comme Clisson, et, après avoir inutilement menacé le duc de le chasser, ils se révoltèrent ouvertement, et allèrent se ranger sous les étendards de du Guesclin. Ce dernier, qui venait de battre les Anglais en Normandie et de leur enlever le Poitou, résolut de les poursuivre en Bretagne, jusqu'au pied du trône de Jean IV. Le duc n'en continua pas moins à protéger les intérêts do l'Angleterre, et, sur sa demande, une flotte, partie de Portsmouth, vint jeter des troupes dans Brest et dans Saint-Malo. Du cap Saint-Mathieu à la baie de Cancale, la mer était couverte de voiles. Alors les seigneurs bretons ne gardèrent plus aucune mesure. Fidèles aux anciennes traditions du pays, ils prononcèrent la déchéance de leur souverain, et le forcèrent de se réfugier en Angleterre. Jean IV laissa à Robert Knolles la garde de ce duché, dont la conquête avait coûté vingt ans de combats. (1373.) Il revint ensuite avec le duc de Lancastre et une armée de trois mille hommes, mais il fut banni de ses États une seconde fois, et, n'ayant plus pour lui que son courage, brouillé avec le duc de Lancastre, sans équipage, sans argent et sans ressource, il assembla soixante hommes, ses derniers soldats, et précéda avec eux l'armée anglaise en Gascogne. Là, du moins, il honora le nom qu'il portait par des actions d'éclat.

En servant la France, du Guesclin oubliait qu'il était Breton, et, pour être dirigés contre les Anglais, ses coups n'atteignaient pas moins ses compatriotes. Non content d'enlever et d'occuper, au nom de Charles V, les meilleures places de l'Armorique, il appliquait les idées françaises jusqu'à la vieille constitution du pays. Tout cela lui attirait la haine publique; ses parents eux-mêmes le blâmaient d'être ainsi en révolte, et d'amener Picards et Genevois pour combattre son vrai seigneur.

En 1374, Jean IV entreprit de nouveau de reconquérir son duché, mais cette tentative n'aboutit qu'à une trève qui lui interdisait même le séjour de la Bretagne (1373); on le vit pendant trois ans errer d'Angleterre en Flandre, tandis que Charles V défendait aux Bretons de le recevoir. Tout semblait perdu pour lui, lorsqu'une révolution soudaine vint lui rendre la couronne.

Tant que le roi de France s'était borné à repousser le duc et les Anglais, les seigneurs bretons avaient résolu ment suivi du Guesclin, Clisson et Malestroit. Mais ils s'arrêtèrent et se mirent à réfléchir, lorsque, non content de protéger la terre de Bretagne, le prince entreprit de la réunir à ses États, et réclama de la cour des pairs la confiscation du duché. Cette violence réveilla en sursaut la vieille Armorique, et fut pour elle le signal d'un revirement qui rappela ses plus beaux jours d'indépendance. La popularité de Charles V et des Français s'évanouit en vingt-quatre heures. De toutes parts, les seigneurs s'associèrent pour le salut du pays. Organisée par les sires de Montfort et de Lohéac, la ligue se grossit bientôt de tous les nobles noms de la contrée. Tous les habitants en état de porter les armes se formèrent en compagnies et se lièrent par des serments solennels. On leva un sou par feu dans toutes les paroisses, et jamais impôt ne fut payé plus exactement. Le quartier-général de l'*Union* était à Rennes ; de là ses ramifications s'étendaient à tous les châteaux de la Bretagne.

CHAPITRE XIII.

Rentrée de Jean IV. — Du Guesclin et Clisson contre la Bretagne. — Mort de du Guesclin. — Captivité de Clisson ; attentat de Pierre de Craon. — Jean V.

Lorsque le roi lut à du Guesclin et à Clisson la sentence qui rayait leur patrie de la liste des nations, le connétable baissa la tête et se mit à sa disposition ; Clisson hésita d'abord et garda le silence, mais ensuite il se décida à servir aussi contre son pays.

Charles V se flatta vainement de triompher, par l'épée de son glorieux lieutenant, de la résistance de l'Armorique. Déjà la ville de Nantes avait fermé ses portes au duc de Bourbon, et des envoyés de la noblesse bretonne, partis pour Londres, suppliaient Jean IV de revenir. Le duc s'empressa de reprendre le chemin du trône, après avoir juré à Richard d'Angleterre une alliance plus intime que jamais envers et contre le roi de France (23 juillet 1379), et bientôt il arriva à Dinan, porté sur les bras de son peuple; la veuve de Charles de Blois voulut presser elle-même la main du vainqueur de son époux. Il entra dans Rennes le 17 août, marchant sous le dais, et accompagné de toutes les processions de la ville, croix et bannières en tête. Il traversa ainsi Lamballe, Guérande et Vannes, où il convoqua son host. Tous les gentilshommes accoururent à l'appel. En présence de ces troupes conduites par Montfort et Beaumanoir, l'armée française s'enfuit de Pontorson; pour la première fois, Clisson et du Guesclin virent leur génie les trahir. Vaincu peut-être par le remords, et conseillé par la raison, le connétable pria le roi d'entrer en accommodement avec le duc; des ennemis le rendirent suspect à Charles V, et le loyal soldat offensé renvoya son épée. Mais le prince eut l'adresse de la lui faire reprendre en la tournant contre les Anglais et la Guyenne.

« Sire, lui dit le vieux capitaine en prenant congé de lui, — comme si l'esprit lui eût prédit qu'il n'en retournerait jamais, — vous m'envoyez en Gascogne à mon grand contentement, car il ne faut pas que je vous nie que, pour vous estre et avoir toujours esté très fidelle serviteur, je ne pouvois avec le contentement de mon cœur faire la guerre au lieu où j'estois. C'est ce pays auquel Dieu me fist naître, où sont mes parents et amis de sang. Je ne puis que je n'en retienne quelque chose, qui n'est pas à dire que je n'y eusse fait mon devoir, mais il se peut faire par autre sans moy. Et faut, sire, que je vous die que vous m'avez osté beaucoup de moyens de vous servir, m'ayant naguères osté les Bretons. Mon aigle ne volera plus, ayant perdu ses ailes. » Et baisant la main du roi, il le pria encore de donner la paix à la Bretagne.

Du Guesclin espérait, avant de mourir, chasser les derniers Anglais de la Guyenne. La mort vint le surprendre au moment où il allait achever son œuvre. Il avait, raconte

Pitre-Chevalier, repris villes et châteaux sur son passage, et il assiégeait la forteresse de Château-Neuf de Randon, dans le Gévaudan, lorsqu'il fut atteint d'une fièvre pernicieuse. Ses derniers moments furent simplement héroïques comme toute sa vie. « Il appela ses principaux capitaines en sa chambre, et leur recommanda le service du roy, représentant a chacun d'eux ce qu'il leur avoit veu vaillamment faire, et le premier temps qu'il les avoit menez à la guerre, les priant de continuer. Qu'il estoit bien desplaisant passer de ce siècle sans les avoir fait recognoistre au roy comme il avait bien délibéré, et dont il parleroit plus particulièrement aux seigneurs qui estoient là, pour lui faire entendre le mérite de chacun. Ce qu'il avoit à désirer d'eux désormais estoit qu'il les prioit qu'en faisant la guerre ils se souvinssent qu'ils avoient affaire à ceux qui avoient les armes au poing. Que les pauvres laboureurs qui les nourrissoient n'estoient point en faute; qu'à ceux-là, aux femmes ny enfants, ny aux gens d'église, leurs armes ne se devoient adresser; que les différends des princes pour terre ne doivent comprendre que ceux qui se rangent en partie, et les prioyt de considérer cela à l'advenir, bien marry de ne l'avoir tenu dès son jeune âge plus estroictement. Puis leur dict adieu, et appela le sire de Clisson, disant : Messire Olivier, je sens que la mort approcha de près et ne vous puis dire beaucoup de choses. Nous avons esté compagnons d'armes vous et moy, il y a longtemps; le roy vous cognoist pour un grand et vaillant homme, et n'avez nul besoin de ma recommandation, ne pouvant rien adjouster à son affection. Vous direz au roy que je suis bien marry que je ne lui ai faict plus longtemps service, de plus fidèle n'eussé-je pu; et si Dieu m'en eust donné le temps, j'avois bon espoir de luy vuider son royaume de ses ennemis d'Angleterre; il a de bons serviteurs qui employeront de mesmes effets que moy, et vous, messire Olivier, pour le premier. Je vous prie de reprendre l'espée qu'il me connoist quand il me donna l'estat de connestable, et la luy rendre. Il saura bien en disposer et faire élection de personne digne : j'ay les bienfaits qu'il m'a faicts. D'avantage je luy recommande ma femme et mon frère, et adieu, je n'en puis plus. » Il baisa son épée de connétable, la remit à Clisson, et rendit le dernier soupir. Il n'avait que soixante-six ans. Le lendemain, le commandant de Châteauneuf déposa les clefs de sa forteresse sur le cadavre du héros. (1380.)

Du Guesclin, ajoute le même écrivain, ne fut pas seulement le premier capitaine de son siècle, il fut aussi un profond politique, et c'est là ce qui l'excuserait, s'il devait être excusé, d'avoir porté les armes contre sa patrie. Son génie droit et fin sentait venir l'irrésistible unité française, et voyait la Bretagne attirée par son centre comme l'aimant par l'étoile polaire; voilà pourquoi, dans toute sa vie et dans toutes ses œuvres, il sembla plus Français que Breton. Il ne faut pas croire cependant que, dans sa vie privée comme dans toutes ses œuvres, son esprit l'emportait sur son cœur. Il ne négligeait pas, sans doute, suivant l'usage du temps, de recueillir les fruits de la guerre et les riches produits de son épée; mais c'était pour prodiguer les uns et les autres à sa famille, à ses amis, et surtout à ses frères d'armes. Sa générosité était si connue, que Bretons et Français ne l'appelaient que le bon connétable. Les Anglais eux-mêmes, ses seuls ennemis, louaient souvent ses plus rudes coups. Enfin son joyeux et franc visage, sa belle et cordiale humeur, et jusqu'à ses boutades de malice et de forfanterie, semblaient annoncer le seul homme qui devait surpasser un jour le Béarnais Henri IV.

Le corps du connétable fut déposé dans l'église des Jacobins du Puy, et embaumé pour être transporté à Dinan, où il avait lui-même choisi sa sépulture. Charles V fit arrêter le convoi au Mans, et ordonna de le conduire à Saint-Denis, dans la sépulture des rois. Il voulut qu'on célébrât pour lui un service avec une pompe extraordinaire. L'évêque d'Auxerre prononça l'oraison funèbre du guerrier, qui avait constamment travaillé à l'affranchissement de la France, et méritait d'être compté parmi les fondateurs de l'unité française.

En-dehors de son importante politique, du Guesclin fut aussi extrêmement remarquable par l'originalité de sa physionomie. Ce rude compagnon, laid, presque difforme, n'avait gardé des anciens chevaliers que le courage, le respect de sa parole, sans ce profond dédain du peuple qui caractérisait les héros du moyen-âge. Il avait l'instinct de la tactique moderne, et, malgré sa violence de soldat, il fut digne d'être le bras et l'épée de Charles-le-Sage, qui, au quatorzième siècle, sauva par sa prudence la nationalité française.

Clisson échoua dans le comté nantais comme du Guesclin avait échoué dans le comté de Rennes. Les Anglais, appelés de nouveau par Jean IV, remportèrent quelques succès ; enfin le duc ouvrit les yeux, et il signa avec les députés du nouveau roi, Charles VI, le second traité de Guérande, en 1381 ; les Anglais gardèrent le port de Brest.

Du Guesclin, jusqu'à sa mort, s'était montré l'adversaire de la maison de Montfort ; le duc eut à combattre Clisson dans les dernières années de son règne. Engagé avec son frère d'armes dans le parti des Français, après avoir servi longtemps dans les rangs opposés, Olivier de Clisson reportait sur le duc de Bretagne la haine qu'il avait vouée aux Anglais. Il ne pouvait pardonner à son ancien ami de lui avoir refusé la terre de Gavre, après la bataille d'Auray, pour la donner à Chandos, et il était allé incendier le château de l'Anglais. Devenu connétable de France, il chercha tous les moyens de susciter des embarras à son suzerain. Il fit proposer au fils de Charles de Blois, captif en Angleterre, de lui rendre la liberté s'il consentait à épouser l'héritière de Clisson ; le comte de Penthièvre n'hésita pas. Jean IV craignit alors que le connétable ne cherchât à renouveler la querelle de Charles de Blois, et n'employât le crédit que lui donnait sa charge à la cour de France pour placer la couronne ducale sur la tête de son gendre. Vivement préoccupé du péril qui le menaçait, il s'arrêta, suivant sa coutume, à un parti extrême, et résolut de se débarrasser de son ennemi. Prenant avec lui le masque de l'amitié, il l'invita à venir siéger aux Etats qui devaient se tenir à Vannes.

Divers historiens ont rapporté de quelle manière Clisson

Richard commit des atrocités dans les campagnes bretonnes. (P. 39.)

fut la victime d'un guet-apens infâme. Jeté dans une tour, chargé de fers, il croyait entendre à tout instant les pas des assassins qui devaient lui arracher la vie. Et, en effet, le duc avait chargé l'un de ses gentilshommes de poignarder le connétable. Mais le courageux serviteur osa désobéir à son maître. Grâce à l'intervention du seigneur de Laval, Olivier sortit de prison, après s'être engagé à payer cent mille francs de rançon et à livrer toutes ses places. Il se rendit aussitôt à la cour de France et remit au roi son épée, qu'il ne pouvait plus conserver, disait-il, après un tel affront. Le roi intervint entre lui et le duc, et, à la suite de nombreux pourparlers, tout semblait terminé, lorsqu'un nouvel événement excita plus que jamais la haine du connétable contre Jean IV. Pierre de Craon, l'ancien favori de Charles VI, avait été exilé de la cour. Persuadé que c'était Clisson qui l'avait desservi auprès de son maître, il ne balança pas à attaquer le connétable, un soir que celui-ci rentrait fort tard à son hôtel. Surpris avant d'avoir pu porter un coup mortel à son ennemi, le meurtrier laissa sa victime noyée dans son sang et s'enfuit précipitamment de Paris. Ne trouvant pas d'asile en France, il se réfugia en Bretagne, et Jean IV lui accorda sa protection, sans songer, comme le dit M. Aurélien de Courson, que défendre un assassin, c'est avouer son crime, et même donner à croire qu'on l'a inspiré.

Clisson, guéri de ses blessures, en appela de nouveau à la justice du roi, qui donna l'ordre au duc de Bretagne de livrer Pierre de Craon. Ce gentilhomme était passé depuis longtemps en Espagne. Mais Jean, trop fier pour descendre jusqu'à une justification, refusa d'indiquer la retraite du meurtrier. Indigné d'un tel refus, Charles VI, quoique atteint d'une maladie cruelle, se mit à la tête de son armée et marcha vers la Bretagne. Il était à un quart de lieue de Sablé, lorsque tout-à-coup un délire frénétique s'empara de lui : premier symptôme de cette folie qui devait causer tant de maux à la France. Attaché demi-mort sur un chariot, le prince fut conduit au Mans, et l'armée française, plongée dans la stupeur, reprit le chemin de Paris.

La lutte se prolongea, acharnée, implacable, durant plusieurs années, entre Jean IV et Clisson. Enfin, accablé par l'âge, sentant de plus en plus la nécessité de pacifier son duché, de peur de compromettre les droits futurs de ses enfants à l'héritage de Bretagne, le duc écrivit à son ennemi une lettre affectueuse, en lui proposant la paix. Cette démarche était faite pour surprendre le connétable. Redoutant un piége semblable à celui dans lequel il avait failli succomber naguère, il refusa de se rendre à l'endroit indiqué, à moins que le duc ne lui remît son fils en otage. Jean consentit volontiers à lui donner cette marque de confiance absolue; l'héritier de Bretagne fut immédiatement conduit au château de Josselin. A la vue de ce jeune prince, des larmes s'échappèrent des yeux du vieux connétable. Trop chevaleresque pour se montrer moins généreux que son souverain, il se transporta près de lui en lui ramenant son fils. Les deux rivaux s'embrassèrent, et signèrent un traité de paix le 20 octobre 1395, près de Redon.

Quatre ans après, Jean IV mourut à Nantes, empoisonné ou envoûté. — L'envoûtement consistait à former en cire l'image de celui qu'on voulait tuer, et à poignarder cette image au cœur et à la tête, avec des mots cabalistiques. — Malgré toutes ses fautes, qu'on pourrait appeler des crimes, et peut-être à cause de tous ses malheurs, comme guerrier, sinon comme politique, il a gardé dans l'histoire une place honorable. Ce n'est pas un petit honneur, en effet, que d'avoir triomphé de deux ennemis tels que du Guesclin et Clisson. Marié trois fois, il laissa de sa dernière femme, Jeanne de Navarre, quatre fils, dont l'aîné, âgé de onze ans, lui succéda sous le nom de Jean V. Le second frère de Jean V était le célèbre Arthur de Richemont, qui deviendra successivement connétable et duc.

Epuisée par soixante ans de guerre et de révolution, la Bretagne avait besoin d'un médecin habile et compatissant; elle le trouva dans le pacifique Jean V, surnommé le Sage. Ce prince eut d'abord sa mère pour tutrice; mais bientôt cette princesse épousa le roi d'Angleterre Henri V. Craignant alors la politique anglaise, le duc de Bourgogne, comme grand-oncle du mineur, se fit déclarer régent de Bretagne, en dépit des barons, et il emmena le duc et ses frères à Paris.

L'année suivante (1403), la guerre recommença entre la France et l'Angleterre. Clisson embarqua douze cents hommes à sa solde sur trente vaisseaux bretons conduits par l'amiral de Bretagne, Penhouët, et par le seigneur de Blois et Guillaume de Chastel. Ils battirent la flotte anglaise et lui enlevèrent quatre navires avec mille prisonniers. En 1404, Jean V, devenu majeur, et marié à la fille de Charles VI, fit hommage à ce prince et fut délivré de la tutelle de Philippe de Bourgogne. Au milieu des débats qui survinrent entre Jean-sans-Peur et Louis d'Orléans, il sut se conduire de manière à préserver son duché de toute invasion, et resta pur des crimes qui déshonorèrent ses alliés. Mais il commit la faute de réveiller des ressentiments endormis, et de laisser empoisonner les derniers jours de Clisson par des accusations absurdes, comme celle de sorcellerie. Le connétable se vit obligé d'acheter encore sa liberté et peut-être sa vie, en donnant cent mille livres au duc. Il mourut peu de temps après, en 1407, dans son château de Josselin.

Le duc Jean avait flotté prudemment entre les Armagnacs et les Bourguignons; pendant ce temps-là, ses deux frères, le prince Gilles et le comte Arthur de Richemont, se distinguèrent, l'un en combattant courageusement sous les drapeaux du duc de Bourgogne, l'autre en faisant des prodiges de valeur dans l'armée royale du guerrier qui allait accomplir l'œuvre de du Guesclin.

Cependant les Anglais envahissaient de nouveau la France. Après quatre années de négociations, Jean V se décida à envoyer six mille hommes à Charles VI; mais il était trop tard, le roi d'Angleterre Henri V venait de gagner la bataille d'Azincourt. (25 octobre 1415.) Quelques années après, la couronne échappait au défaillant monarque, et le dauphin proscrit, qui bientôt serait Charles VII, commençait la conquête de son royaume avec les fidèles populations de la Loire. Un grand nombre de Bretons marchèrent avec lui contre les Anglais. Quant au duc, après la mort de Henri V, il traita avec le duc de Belfort, régent de la France anglaise, puis il entra dans le parti de Charles VII, son beau-frère. Le duc de Bedfort, pour se venger, envoya des troupes sur les frontières de l'Armorique, et Jean V, dont les soldats furent battus en diverses rencontres, promit l'hommage à Henri VI. (1427.) L'année suivante, il retourna de nouveau à Charles VII.

CHAPITRE XIV.

Fuite de Jean V. — Arthur de Richemont. — François Ier. — Histoire de Gilles de Bretagne. — Pierre II. — Arthur III.

Marguerite de Clisson avait résolu de recommencer la guerre de succession et de placer un de ses quatre enfants sur le trône de Bretagne. Cherchant des alliés parmi les ennemis de Jean V, elle maria son fils Olivier de Blois avec la fille de Jean-sans-Peur, au moment même où le duc passait aux Armagnacs. Jean envahit les terres des Penthièvre. La cour de France calma ce premier feu; mais lorsque le duc abandonna le dauphin, Marguerite et son fils promirent au prince de lui livrer le traître, et, l'attirant avec son frère Richard dans leur terre de Chantoceaux, ils les enfermèrent l'un et l'autre dans une tour.

Le duc montrait peu de courage dans sa captivité. La duchesse appela les Bretons aux armes, et ils répondirent noblement à sa voix. Les forteresses de Marguerite et d'Olivier furent prises, et bientôt les geôliers des captifs se virent assiégés à Chantoceaux. En vain ils forcèrent Jean à ordonner la retraite de ses défenseurs; les soldats de la duchesse refusèrent d'obéir, et les deux prisonniers furent rendus à la liberté le 6 août 1420. Chantoceaux fut rasé, et Jean distribua les terres des Penthièvre aux seigneurs qui l'avaient délivré. Cette grande maison ne se relèvera plus;

mais les rois de France achèteront plus d'une fois ses droits au poids de l'or, et les Bretons se grouperont encore, pendant la Ligue, autour de son dernier rejeton.

Arthur de Richemont, — l'un des vaillants capitaines qui réussirent à expulser les Anglais de France, — était né au château ducal de Succinio, sur la côte du Morbihan. Son premier exploit fut la répression d'une révolte dans la ville de Saint-Brieuc. Dans les démêlés des Armagnacs et des Bourguignons, il embrassa le parti d'Orléans, comme Jean V; plus tard, il fut pris au désastre d'Azincourt, et emmené à Londres, où il retrouva sa mère, qui avait épousé le roi d'Angleterre à la mort de Jean IV. Devenu libre, il reçut de Charles VII l'épée de connétable, et se fit remarquer par des faits d'armes qui, malheureusement, à cause de la folie du roi, n'auraient nullement sauvé le royaume, si Dieu ne lui eût envoyé Jeanne d'Arc.

Est-il besoin de rappeler comment cette jeune fille entreprit de faire lever aux Anglais le siége d'Orléans et de conduire le dauphin à Reims pour y recevoir le sacre? Charles la reçut au milieu de sa cour, et lui donna le sire de Raiz et plusieurs autres capitaines pour introduire des vivres dans la place. Elle en vint à bout, et les Anglais levèrent le siége. (1429.) Richemont, réconcilié par elle avec le prince, qui avait retiré momentanément sa faveur au connétable, ouvrit les portes de Beaugency, délivra Meaux, battit les Anglais à Patay, et fraya ainsi au roi le chemin de Reims. Mais il n'assista pas à son sacre; La Trémouille avait payé ses victoires par un nouvel exil. L'année suivante, Jeanne était brûlée à Rouen comme sorcière.

La querelle entre La Trémouille et de Richemont avait fini par une guerre ouverte. Le connétable fit arrêter son ennemi près de Chinon, puis il retomba sur les Anglais avec toutes ses forces et ramena le roi dans Paris. (1436.) Ce fut surtout aux Bretons qu'on dut la reprise de cette ville, qui avait été seize ans la capitale de la monarchie anglaise, ainsi que l'expulsion des étrangers de toute l'Ile de France. Plusieurs conspirations signalèrent la fin du règne de Jean V en

France et en Bretagne; en France, la conspiration de la *Praguerie*, où entra le dauphin, depuis Louis XI, contre Charles VII, et que déconcerta la fermeté de Richemont; en Bretagne, les derniers complots tramés contre le duc par les débris du parti de Blois. Le duc faillit être empoisonné par ses varlets; il saisit cette occasion de s'assurer, pour lui et pour ses héritiers, de la fidélité de tous les seigneurs, chevaliers et écuyers de Bretagne, dont il envoya ses commissaires recueillir les serments dans tout le duché. Il mourut au manoir de la Tousche, près de Nantes, en 1442.

La première vertu de ce prince était la dévotion; il fit beaucoup de pieuses fondations, entre autres Notre-Dame-du-Folgoël, dont la chapelle est un chef-d'œuvre d'architecture gothique. S'il ne fut ni très brave ni très fidèle à ses alliés, il se concilia l'affection de ses sujets, et mérita le nom de Sage, en réparant les fautes de ses prédécesseurs, et en maintenant la prospérité de son pays au milieu des guerres allumées tout alentour. Il ne se rendit pas moins cher à sa noblesse et à son clergé qu'à son peuple, et se montra très habile dans son administration. Sous lui, le commerce de la Bretagne s'étendit considérablement, grâce à des traités conclus avec les peuples de la Hollande, de la Zélande et de la Frise. Cela valait mieux que des conquêtes.

Il restait trois fils de Jean-le-Sage. François, l'aîné, fut proclamé duc de Bretagne; Pierre devait lui succéder. Une fin cruelle était réservée à Gilles.

François Iᵉʳ venait de prendre pour seconde femme Isabeau d'Écosse, lorsqu'il fit son entrée à Rennes. Les fêtes de son couronnement durèrent huit jours. Il fut fait chevalier dans cette ville par le connétable de Richemont, son oncle, et reçut l'hommage de ses barons, dont quelques-uns allaient encore guerroyer au service de la France, et lutter avec elle contre l'étranger. Le nouveau duc, après quatre ans de pourparlers et d'ambassades, fit hommage à Charles VII, ainsi que ses prédécesseurs, et se maintint, comme Jean V, en paix armée vis-à-vis de l'Angleterre.

En 1448, les Anglais surprirent Fougères et la livrèrent au

pillage. Le duc, ne pouvant obtenir satisfaction, se ligua avec Charles VII contre Henri VI, et Bretons et Français, conduits par Richemont, tombèrent comme un torrent sur les Anglais de Normandie, à qui ils enlevèrent plusieurs places. Le connétable leur donna le coup de grâce à Formigny, en 1450, et bientôt il ne leur resta plus, avec la Guyenne, que quelques rochers de la frontière, où ils se cramponnèrent pendant plusieurs siècles. François Ier prit une part honorable à cette guerre, mais il souilla sa gloire par un fratricide qui abrégea sa vie.

Le duc et Gilles étaient depuis longtemps ennemis. En vain le vieux connétable s'efforçait-il de les réconcilier; François résolut de s'emparer de la personne de son frère, et il chargea le roi de France de l'arrêter. Charles VII, heureux d'enlever aux Anglais un homme qui leur était dévoué, envoya quatre cents lances au Guildo, château-fort près de Matignon, où il s'était retiré avec des seigneurs et des archers étrangers, « lesquels, le 26 juin 1446, arrivèrent au dit Guildo, où Gilles de Bretagne jouait pour lors à la paume avec ses escuïers. Aussitôt qu'il entendit que ces gens de guerre s'advouaient au roi son oncle, il leur fit ouvrir la porte, disant qu'ils fussent les bien-venus, et leur demanda des nouvelles du roi. Celles qu'il apprit furent bien différentes de celles qu'il attendoit; ils lui dirent qu'ils estoient venus de sa part pour l'arrester. Ils se saisirent des clefs du château, de toute la vaisselle d'or et d'argent, et des joïaux, sans avoir égard au respect qu'ils devoient à son épouse et à sa belle-mère; et s'estant rendus maistres de sa personne, ils le menèrent à Dinan, au duc son frère. »

Richemont accourut et força le duc à voir son frère; mais ni les larmes du captif ni celles du connétable ne purent le fléchir, et il fit traîner Gilles de château en château, jusque devant les Etats assemblés à Redon. Là, les ennemis de Gilles faillirent le sauver par leurs violences; sous l'influence des nobles paroles du connétable et de la haute loyauté d'Olivier du Breil, procureur général de Bretagne, les Etats sursirent à la condamnation. Mais on poussa François à bout, en lui présentant une fausse lettre de Henri VI, qui menaçait d'envoyer trente mille hommes au secours du prisonnier, et, sur le désir qu'il exprima de se voir débarrassé de son frère, le chancelier de Rohan dressa un ordre comme émané du duc pour faire mourir le prince.

Les bourreaux de Gilles furent ses propres gardiens. Après l'avoir transféré de prison en prison, ils le tenaient enfermé au château de la Hardouinaye, quand il leur fut enjoint de se mettre à l'œuvre. Ils essayèrent d'abord du poison, mais ce fut en vain; alors ils se décidèrent de lui refuser toute espèce d'aliments. Le prince, en proie aux tortures de la faim, poussait des cris lamentables, implorant la pitié de ceux qui passaient sous les fenêtres de son cachot. Mais nul n'osait secourir la victime. A la fin pourtant, une pauvre femme, émue de compassion, eut le courage de lui porter un peu de nourriture. Cette obscure bienfaitrice prolongea de quelques jours la vie du frère de son souverain. Toutefois, Gilles, comprenant que sa dernière heure était proche, supplia la noble femme de lui amener un prêtre pour recevoir ses derniers vœux. En effet, dès que la nuit fut venue, un cordelier descendit dans les fossés du château, et reçut la confession du fils de Jean V, à travers le soupirail de la chambre basse où il gisait mourant. Le prince, après avoir fait l'aveu de ses fautes, disent les chroniques du temps, pria le bon moine d'aller trouver son frère et de l'appeler de sa part, dans cinquante jours, au tribunal de Dieu. Le cordelier promit d'exécuter fidèlement cette recommandation.

Cependant les gardes, étonnés de voir que l'infortuné vivait toujours, entrèrent dans sa chambre, le matin du 25 avril. (1430.) « Ils le trouvèrent au lit, très affoibli de sa longue disette : ils lui mirent une serviette autour du cou, et s'efforcèrent de l'étrangler. Le prince, quoique languissant, se défendit quelque temps avec une grosse fluste, dont il blessa l'un de ses bourreaux; mais ils consommèrent leur crime en l'étouffant entre deux matelas. Aussitôt qu'ils lui eurent ôté la vie, ils lui bouchèrent le nez et les oreilles de peur qu'il ne sortist du sang de son corps, et l'ayant couché dans un beau lit, comme s'il estoit décédé de sa mort naturelle, allèrent chasser le lièvre avec quelques gentilshommes qu'ils avaient invitez exprès à ceste partie de plaisir, afin de prouver leur absence quand on apprendroit la mort du prince. En effet, pendant qu'ils chassoient, un garçon, qu'ils avoient instruit de ce qu'il avoit à dire, vint leur apprendre que monseigneur Gilles avoit esté trouvé mort dans son lit. Ils en parurent très affligez, et prièrent la compagnie de venir au chasteau. Mais on les connoissoit assez pour deviner d'abord que ceste chasse n'avoit esté qu'un jeu pour couvrir leur crime : on en eut horreur, et tout le monde les quitta comme d'infâmes parricides. L'abbé de Boquien, ayant appris ceste mort, alla lever le corps avec les moines de son abbaïe, et l'y enterra le plus honorablement qu'il put. Geoffroy de Beaumanoir et quelques gentilshommes des environs assistèrent aux obsèques. On couvrit le lieu de la sépulture d'une tombe de simple ardoise, sur laquelle on mit la figure de Gilles de Bretagne en relief de bois. •

François Iᵉʳ apprit la mort de son frère en Normandie, où il guerroyait contre les Anglais. Richemont accabla son neveu de reproches mérités. Le duc, poursuivi par les remords, quitta Avranches, dont il faisait le siége, et prit la route du mont Saint-Michel. Lorsqu'il fut au milieu de ces grèves désertes que la mer envahit deux fois par jour avec des fureurs si soudaines, un cordelier, qui l'attendait au passage, l'aborda en relevant son capuchon, et lui parla ainsi : « François, duc de Bretagne, mon seigneur, j'ai ouï en confession monseigneur Gilles de Bretagne, votre frère, peu de jours avant son trépas, lequel me chargea de vous annoncer que, de par lui, comme appelant de vous, de défaut de droit, des cruels traitements et injustices dont il n'a pu demander raison, et de la mort horrible dont vous l'avez fait mourir ou avez souffert qu'il mourût par faute de justice, j'eusse vous à assigner du jour d'hui en quarante jours, à comparoir en personne par-devant Dieu le Créateur, pour voir réparer en sa terrible justice les torts et griefs que j'ai dits. Au nom de Gilles, votre frère, lâchement assassiné,

François, duc de Bretagne, au nom de Dieu je vous appelle! je vous appelle! je vous appelle!... » Le moine, à ces mots, rabattit son capuchon et disparut : on ne put le trouver nulle part. Frappé comme par un coup de foudre, le duc se rendit à Vannes et de là à son château de Succinio, où il expira le 17 juillet, le jour même, dit-on, que Gilles avait indiqué au cordelier. Il se repentit, d'ailleurs, et dit à ses gens, en leur demandant pardon : « Que l'estat où je suis vous serve d'exemple : j'ai été votre prince, et je ne suis plus rien. » (1451.)

Pierre II, proclamé duc de Bretagne, ne fit que passer sur le trône. Son règne, sauf plusieurs irruptions des Anglais, fut tout pacifique; on n'y signale d'autres événements que ses ambassades, ses libéralités, diverses ordonnances utiles et quelques démêlés avec la noblesse. Il fit poursuivre les assassins de Gilles, et il y en eut qui eurent la tête tranchée. Pierre mourut en 1457, sans laisser aucun héritier de sa couronne.

Le connétable de Richemont succéda à son neveu. Certains barons, obéissant à un sentiment de fierté patriotique, lui firent observer, à son avénement, que sa charge de connétable de France était au-dessous de sa dignité actuelle. Il y avait du vrai dans cette observation; mais Arthur répondit qu'il « voulait faire honneur, dans sa vieillesse, à l'épée qui l'avait honoré dans sa jeunesse. » Richemont avait, pour garder l'épée de connétable, un motif tout politique dont il ne parlait pas. En conservant sa charge, il espérait que le roi de France lui accorderait le secours d'une armée française dans une expédition qu'il projetait contre l'Angleterre, à l'exemple de Guillaume-le-Conquérant. Ce projet, pendant longtemps, avait été le rêve d'Olivier de Clisson. Quant à Richemont, il comptait tellement sur la réussite de cette expédition, qu'il avait distribué d'avance, par des chartes revêtues de son sceau, les terres et les châteaux d'Angleterre aux seigneurs qui devaient l'accompagner à la conquête. La mort vint mettre obstacle à l'exécution de ce projet, dont le succès paraissait certain à tous ceux qui avaient pu apprécier les talents militaires du connétable et qui savaient l'état d'anarchie dans lequel se trouvait alors l'Angleterre.

Ainsi que la plupart des grands hommes, Arthur de Richemont était de petite taille; ses gros membres et son rude visage n'avaient rien de distingué. Comme capitaine, son mérite est incontestable; il fut presque toujours vainqueur; comme politique, le traité d'Arras fut son ouvrage; comme connétable enfin, nul ne fut plus constamment persécuté ni plus constamment fidèle, et si la France a élevé une statue à Jeanne d'Arc, elle lui en doit une aussi, car si Jeanne rendit l'espoir à Charles VII et aux Français, le connétable leur rendit la France.

CHAPITRE XV.

François II. — Politique de Louis XI. — Ligue du Bien publ c. — Pierre Landais, tailleur de Vitré, remue l'Europe. — Les fiancés d'Anne de Bretagne. — Bataille de Saint-Aubin-du-Cormier. — Mort de François II, dernier duc de Bretagne.

Les rapports continuels qui, depuis plus d'un siècle, n'avaient cessé d'exister entre l'aristocratie bretonne et la chevalerie française, les usurpations continuelles des rois de France et surtout la faiblesse des ducs de Bretagne, dont la plupart des conseillers s'étaient laissé gagner par l'or des princes capétiens, toutes ces causes réunies menaçaient le duché d'une entière soumission, à la mort d'Arthur de Richemont. A partir de cette époque, la Bretagne cesse d'exercer aucune influence sur la politique européenne; elle n'est plus appelée, comme dans le passé, à faire pencher la balance du côté de ses alliés. La rivalité de la France et de l'Angleterre, leurs luttes continuelles avaient été jusque-là la sauvegarde de l'indépendance armoricaine. Délivrés de la crainte des Anglais, grâce au courage et au dévouement des Bretons, les rois capétiens n'eurent d'autre pensée que de ravir à la Bretagne son antique indépendance. Les annales de ce duché n'offrent plus jusqu'à son annexion que le tableau d'une lutte d'un demi-siècle entre la puissante monarchie française et le petit royaume fondé par les Bretons, à l'extrémité de la Gaule, près de cent ans avant le baptême de Clovis.

François II, comte d'Étampes, neveu d'Arthur et fils de Richard de Bretagne, succéda à son oncle, dont il était l'héritier. Ce prince (comme si, prévoyant les malheurs de l'avenir, il eût désiré léguer à l'histoire un dernier exemple d'indépendance bretonne) ne voulut prêter au roi de France qu'un hommage simple, et il le rendit l'épée au côté, sans consentir à la quitter. « Pauvre prince estoit et disetteux, dit La Marche : du reste, beau, valeureux et de grande apparence. » Malheureusement, le fond ne répondait pas à la forme. Il eût fallu à François II une fermeté inébranlable, et tout son règne ne fut qu'une suite de témérités et de faiblesses. Cependant, toutes les fois qu'il fut bien conseillé, il prit et fit prendre par les États des mesures utiles. Sous lui, le pays étendit ses relations jusque dans le Levant; des traités de commerce furent conclus avec l'Angleterre, l'Espagne, le Portugal et les villes anséatiques; Vitré et Rennes eurent une manufacture, l'une de soieries, l'autre de tapisseries; les côtes et les ports furent fortifiés contre les Anglais.

Un ennemi redoutable devait bientôt l'attaquer Charles VII était mort du chagrin que lui avait causé la révolte de son fils aîné, et celui-ci était monté sur le trône sous le nom de Louis XI. C'était un prince qui possédait ce qui constitue, à certaines époques, le talent du politique, et si la nature ne lui avait pas départi cette élévation de caractère, ce besoin des grandes choses qui font les Louis XIV et les Napoléon, la passion du pouvoir n'était pas moins profonde chez le compère d'Olivier-le-Daim que chez le grand roi ou chez le vainqueur des Pyramides et d'Austerlitz.

Dès les premiers jours de son avénement, Louis XI s'était proposé d'abattre toute seigneurie assez puissante pour résister à son autorité, et comme, parmi les petits États indépendants de l'ancienne Gaule, le plus considérable et le plus à craindre était la Bretagne, il résolut de réunir à sa couronne un territoire qui formait un *royaume dans un royaume*, et dont les princes avaient plus d'une fois vaincu les rois de France. Une circonstance favorisait ses plans. Le connétable de Richemont, au milieu de la terreur que les Anglais avaient répandue dans la plupart des provinces, avait décidé Charles VII à établir des troupes permanentes, à l'exemple des ducs de Bretagne. Maître de disposer à son gré d'une armée contre laquelle ne pouvait lutter la milice féodale, le roi était désormais en mesure d'écraser les grands vasseaux, à la première révolte. Louis XI était trop habile pour ne pas profiter de cette institution nouvelle.

Peu de temps après la mort de son père, Louis avait fait un voyage en Bretagne, cachant, sous le prétexte d'un pèlerinage à l'abbaye de Saint-Sauveur de Redon, un vif désir de s'assurer par lui-même de l'état des choses dans le duché. Trouvant le pays presque complètement dégarni de troupes, il n'attendit plus qu'un motif plausible pour attaquer les Bretons. Des démêlés survenus entre le duc et l'évêque de Nantes lui fournirent bientôt l'occasion de faire marcher des troupes vers le Poitou ; mais François sut gagner du temps et parvint à former contre le roi la *Ligue du Bien public*, dans laquelle entrèrent le duc de Berry, le duc de Bourbon et le comte de Charolais. Louis se hâta de conclure une trêve avec le duc de Bourbon, et se retourna aussitôt contre son impétueux cousin, Charles-le-Téméraire. Les deux armées se rencontrèrent à Montléry. La victoire resta indécise · toutefois, pendant la nuit, le roi battit en retraite sur Corbeil. Au lieu de marcher droit sur Paris, le comte de Charolais s'arrêta à Etampes, où les Bretons le joignirent deux jours après l'affaire. Les traités de Conflans et de Saint-Maur donnèrent satisfaction aux princes coalisés. (1465.)

Louis était loin d'avoir abandonné ses projets sur la Bretagne. Aussi François II s'efforça-t-il de rechercher l'appui de plusieurs puissances étrangères. Quand il crut pouvoir compter sur le duc de Bourgogne, ainsi que sur Edouard IV d'Angleterre et sur le Danemarck, au lieu d'attendre son ennemi,

il entra en Normandie. Louis XI le força à se retirer et envahit lui-même la Bretagne; mais, à l'approche de Charles-
le-Téméraire, il signa la paix d'Ancenis, le 17 septembre 1468.
Un peu plus tard, Charles ayant été tué sous les murs de
Nancy, François II chercha à négocier à la cour d'Angleterre
un traité d'alliance offensive et défensive contre la France;
mais le roi surprit la correspondance, et l'affaire ne réussit
pas. La mort de Louis XI prolongea de quelques années
l'agonie du petit royaume qui, depuis deux siècles, défendait son indépendance contre les Français, les Normands et
les Anglais.

A peine délivrée des dangers de la guerre étrangère, la
Bretagne faillit retomber dans la guerre civile. Le duc, depuis plusieurs années, s'était placé, en quelque sorte, sous la
tutelle d'un de ses ministres. Fils d'un tailleur de Vitré, Pierre
Landais était parvenu à capter si bien l'affection de son souverain, que François II l'avait élevé à la dignité de chancelier. La noblesse, indignée d'un pareil choix, se plaignit,
mais ce fut inutilement, et Landais ne craignit pas d'accuser
le chancelier Chauvin, chez qui il rencontrait de la résistance, d'avoir pris part à la machination qui avait livré à
Louis XI la correspondance du duc avec l'Angleterre.
François II fit arrêter le vertueux Chauvin, et laissa son
ministre signer l'ordre de saisir ses biens. Le trésorier fut
enfermé au château d'Hennebont, et, comme les Etats
réunis à Vannes, par crainte de Landais, n'osèrent juger la
cause, il en conçut une telle douleur, qu'il expira au bout de
deux jours, en gémissant sur le sort de ses enfants. Les
seigneurs se révoltèrent aussitôt, et, ne pouvant réussir à
renverser Landais, ils proposèrent au roi de France de le
reconnaître comme souverain à la mort de leur duc, à la condition seule de les aider à se débarrasser du ministre qu'ils
abhorraient.

François II conçut de vives inquiétudes, mais Landais le
rassura en promettant un allié. Voici quel était son plan :
Louis XI avait confié la régence du royaume à sa fille Anne
de Beaujeu, au préjudice du duc d'Orléans; la main de la

duchesse Anne, héritière du duché, serait le prix de l'appui accordé à François II par le duc d'Orléans. En attendant, il réussit à faire envahir la France par les Autrichiens, et il envoya l'armée du duc assiéger les seigneurs coalisés dans Ancenis. Mais, des deux côtés, les soldats, en apercevant l'hermine de leurs enseignes communes, sentirent leur haine s'évanouir, et tous ensemble s'avancèrent sur Nantes, pour châtier le ministre prévaricateur; peu de temps après, Landais fut pendu au milieu des cris d'enthousiasme du peuple.

Sur ces entrefaites, le duc d'Orléans et les seigneurs ses partisans s'étaient réfugiés en Bretagne. Sur leur refus de revenir à la cour, où les mandait la régente, une armée française fut dirigée contre l'Armorique. Beaucoup de villes furent prises; le roi et madame de Beaujeu vinrent eux-mêmes encourager les troupes par leur présence. Toute la noblesse bretonne était sous les armes lorsque Louis de La Trémouille, qui, à vingt-sept ans, passait pour le premier capitaine de son siècle, arriva avec douze mille hommes, et se porta sur Saint-Aubin-du-Cormier. Une bataille terrible fut livrée en cet endroit; les Bretons perdirent six mille hommes, et le duc d'Orléans fut fait prisonnier.

Le lendemain, une partie de l'armée française, tout enflée de ses succès, se présenta sous les murs de Rennes et somma les habitants de se rendre sans conditions, sous peine d'être passés au fil de l'épée. Les Rennois furent admirables de courage. Réunis dans la cathédrale, les notables de la cité s'engagèrent à défendre jusqu'à la fin les droits de leur souverain et l'indépendance du pays. Trois députés furent chargés de porter cette résolution au général français. L'un d'eux, Jacques Bouchard, greffier du Parlement, excita l'admiration des Français par la mâle énergie de son langage en face de tant de calamités, et par cette noble fermeté de l'homme libre et du citoyen, qui, comme le fait observer M. de Courson, est le plus beau et le plus rare des héroïsmes.

« Ne pensez pas, dit le généreux Breton, que vous soyez déjà seigneur de la Bretagne et que vous ayez aussi facilement le surplus; vous devez premièrement considérer que votre roi n'a aucun droit sur ceste duché. Vous savez comment il en print du roi Philippe de Valois, à Crécy, en 1346 quand lui, qui accompagné estoit de cent mille hommes, fut défait par dix mille Anglois; et aussi du roi Jehan, près Poitiers, où les François, par leur fierté, perdirent leur roi. Vous autres, François, ferez assez d'entreprises de guerres et de batailles, tant qu'il vous plaira; mais celui qui sans fin règne là sus donne les victoires. Ne vous en attribuez pas la gloire; c'est à lui qu'elle appartient. Le roi ne demandoit pour obtenir la paix que la ville de Fougères : or avez-vous maintenant Fougères, et demandez encore Rennes, seigneur; je vous fais assavoir que, en ceste bonne ville de Rennes, il y a quarante mille hommes dont les vingt mille sont de telle résistance que, moyennant la grâce de Dieu, si le seigneur de La Trémouille et son armée viennent l'assiéger, autant y gagnerait que devant Vannes. Nous ne craignons le roi de France ne toute puissance. Partant, retournez au seigneur de La Trémouille, et lui faites part de la joyeuse réponse que nous avons faite, car de nous n'aurez autre chose pour le présent. »

Cette réponse si fière, et en même temps si simple, produisit une vive impression sur La Trémouille, et il n'osa assiéger Rennes : Dinan et Saint-Malo lui ouvrirent leurs portes.

Charles VIII n'ayant plus, depuis la prise du duc d'Orléans, aucun prétexte pour guerroyer en Bretagne, délibéra, assure-t-on, s'il ne s'emparerait pas tout de suite de ce duché. Le chancelier de France, Guillaume de Rochefort, soutint que le roi très chrétien ne devait pas abuser des droits de la victoire pour saisir les Etats d'un voisin, et Charles VIII, convaincu par ces raisons, ou craignant peut-être de pousser à bout les *sangliers de Bretagne*, ainsi que le comte de Foix appelait alors les Bretons, se résolut enfin à retirer ses troupes. « Comme roi, dit-il orgueilleusement aux envoyés du duc, je puis faire justice ou grâce; mais, en prince chrétien, je me contente de vaincre. Je remets la

Le combat des Trente. (P. 49.)

vengeance à Dieu, et je pardonne au duc de Bretagne, mon vassal. »

La paix fut conclue au Verger, en Anjou, le 20 août 1468. Le roi, qui en dictait les conditions, réserva tous ses droits sur le duché, si le duc mourait sans héritier mâle. Le duc s'engagea à renvoyer de la cour tous les ennemis du prince, à ne marier ses filles qu'à son gré, et à lui livrer, comme nantissement, les villes de Fougères, de Saint-Malo, de Dinan et de Saint-Aubin-du-Cormier. Trois jours après avoir signé la déchéance de son pays, François II mourut de douleur à Coiron, près de Nantes, à l'âge de cinquante-trois ans.

CHAPITRE XVI.

Anne de Bretagne. — Son mariage avec Charles VIII. — Elle épouse Louis XII. — La Cordelière et Portzmoguer. — Mort et funérailles de la reine Anne. — Union de la Bretagne à la France.

On aurait pu, dit Pitre-Chevalier, enterrer la couronne ducale avec François II, aux Carmes de Nantes, si elle n'était tombée sur une tête faite pour la relever quelque temps encore. Cette tête était celle d'une jeune fille de onze ans, mais cette jeune fille s'appelait Anne de Bretagne, et elle méritait de porter ce nom glorieux.

Anne fut proclamée duchesse de Bretagne, en sa qualité de fille aînée de François II. Mais Charles VIII s'opposa à ce qu'elle prît ce titre avant d'avoir consenti aux trois engagements suivants : le roi, comme parent le plus proche de la princesse, serait déclaré son tuteur ; des commissaires respectifs procéderaient à la vérification d'un acte de cession faite à la France ; toutes les troupes étrangères employées dans le duché comme auxiliaires seraient licenciées immédiatement. Anne ne voulant pas consentir à ces engagements, avant la convocation des États, une armée française, conduite par l'ambitieux Rohan, entra en Bretagne. Le maréchal de Rieux avait été nommé tuteur de la princesse par François II. Sacrifiant sa pupille à des vues intéressées, il essaya de la contraindre à épouser le seigneur d'Albret, que le duc avait choisi pour gendre, mais pour qui elle n'éprouvait que de la répulsion. Sur son refus, un détachement de troupes françaises s'approcha de Redon pour l'enlever, et elle s'enfuit à Rennes, où elle fut reçue avec enthousiasme.

Trop faible pour résister seule au roi, la duchesse avait cherché des secours à l'étranger. Maximilien, roi des Romains, se mit en devoir d'attaquer la France par le nord, tandis que Ferdinand d'Aragon obligeait Charles VIII à garnir ses frontières du midi, et que Henri VII envoyait dans l'Armorique un corps de six mille hommes. Grâce à ces diverses circonstances, les Bretons purent reprendre l'offensive, et bientôt le maréchal de Rieux se réconcilia avec sa pupille. Peu de temps après, le mariage de la duchesse et de l'empereur Maximilien fut conclu, par procuration, avec l'assentiment de l'Angleterre.

A la nouvelle de ce grand événement, la régente comprit qu'un changement de politique pouvait seul lui donner le duché, et elle conçut l'idée d'obtenir l'annulation du mariage de la duchesse avec Maximilien, et de la faire asseoir ensuite sur le trône de France. En attendant, Rohan et La Trémouille entrèrent en Bretagne avec une armée française. Anne fut assiégée dans Rennes, et, malgré la désertion de ses sujets les plus fidèles, elle était résolue à opposer à l'ennemi une défense vigoureuse, quand, sur les représentations de la plupart des membres de son conseil, qui déclaraient qu'il n'y avait pas pour elle d'autre moyen d'assurer le repos du pays que d'accepter la main du roi de France, elle se laissa fléchir, et permit de commencer les préliminaires, qui furent signés le 15 novembre 1491. Charles VIII eut alors avec la princesse une courte entrevue à Rennes; et, quand toutes les conditions du mariage furent arrêtées, il quitta la Bretagne et alla s'établir au château de Langeais en Touraine. Quinze jours après, Anne s'y rendit, accompagnée d'une partie de sa cour; les noces royales furent célébrées le 6 décembre.

De Langeais, la cour alla au Plessis-lès-Tours, « et de là
ur les autres villes jusqu'à Saint-Denis, où la nouvelle
ine fut couronnée en présence du roi. L'on avoit dressé
dans le chœur de l'église un échaffaut sur lequel étoit posé
le fauteuil de la reine. Cette princesse, coiffée en cheveux et
vêtue d'une robe de damas blanc, attiroit tous les yeux par
sa beauté et par sa modestie. La reine étoit accompagnée,
dans cette cérémonie, par la duchesse de Bourbon et par
quantité de princesses et de dames, qui portoient sur leur
tête la couronne de duchesse ou de comtesse, selon leur titre
et qualité. Le prélat officiant fit les onctions ordinaires ; la
reine communia, et pendant la messe le duc d'Orléans lui
soutenoit la couronne sur la tête. Le lendemain la reine
partit de Saint-Denis, et fit son entrée à Paris. Le parlement,
la chambre des comptes, les maîtres des requêtes du palais,
le prévôt des marchands, les échevins et tous les corps de la
ville furent au-devant de cette princesse. La foule étoit si
grande, que depuis la Chapelle jusqu'à Paris, on eut toutes
les peines du monde à faire passer la reine. Elle étoit accompagnée de tous les princes et de toutes les princesses, et fut
reçue aux acclamations d'un peuple immense. »

La reine Anne et ses sujets voulurent montrer à leur nouveau maître qu'ils n'entendaient point se courber sous le
joug, et qu'ils tenaient à rester Bretons tout en faisant partie
de la France. Les États de Nantes firent signer à Charles VIII
le maintien de leurs franchises et de leurs coutumes ; les
bourgeois de Rennes reçurent le droit d'acheter des fiefs
nobles sans être obligés à l'arrière-ban ; les Malouins furent
exemptés de tout impôt, moyennant une rente annuelle de
trois cents livres. Les populations qui n'avaient guère connu
la paix depuis plusieurs siècles, sentirent que l'agriculture,
le commerce et l'industrie allaient refleurir sous le sceptre
de la duchesse-reine, à l'abri des violences et des exactions
forcées de la guerre, et l'union se trouva consommée sans
protestation et sans révoltes ouvertes.

On sait comment Charles VIII, poussé par le désir de la
gloire, entreprit la vaine et brillante expédition d'Italie, qui

si elle illustra nos armes à Fornoue, prépara les désastres du
règne de François Ier. Pendant que le monarque guerroyait
au-delà des monts, sa femme se faisait remarquer sur le trône
par la sagesse de sa conduite et les lumières de son intelligence, soutenant avec vigueur, en toute circonstance, contre
madame de Beaujeu, les droits de la Bretagne et des Bretons.
Elle perdit successivement trois fils et une fille. En 1498, le
roi mourut des suites d'un coup qu'il s'était donné à la tête,
et la reine, en proie à une douleur profonde, quitta la France
pour retourner dans son duché. Anne parut oublier alors
qu'elle était montée sur le trône de saint Louis. Elle convoqua les ordres de la province, comme autrefois, publia des
édits et fit battre monnaie. Les Bretons se crurent revenus
aux beaux jours de l'indépendance nationale. Les bandes recommencèrent leurs chants, les tailleurs d'images reprirent
leur ciseau ; de toute part on se mit à élever des églises,
des chapelles, des oratoires. Mais l'illusion fut courte ; le
18 août 1498, quatre mois après la mort de Charles VIII, la
duchesse promit sa main à Louis XII, roi de France. Le
mariage fut célébré le 8 janvier 1499, dans la chapelle du
château de Nantes, où la reine exigea qu'on la vînt chercher
solennellement. Il fut stipulé dans le contrat, où Anne s'in-
titulait « vraye duchesse de Bretagne, » que si elle décédait
la première, le roi jouirait du duché jusqu'à sa propre mort,
mais qu'après cette mort il retournerait « aux véritables
héritiers. » Le roi devait, en outre, ne rien innover dans le
gouvernement de la Bretagne.

C'est que la princesse n'était plus cette femme qui, sous
Charles VIII, enfermée à l'hôtel des Tournelles, devisait
avec ses femmes sur les devoirs du sexe, et se contentait de
défendre l'antique simplicité du goût et des mœurs nationales
contre les raffinements du luxe apporté d'Italie ; elle était
devenue un diplomate consommé, décidée non-seulement à
reprendre le gouvernement de la Bretagne, mais aussi à
s'immiscer dans les affaires de la France. Le roi, qui appré-
ciait ses qualités, cédait le plus souvent à ses conseils.

Il arriva, en 1513, que le roi d'Angleterre Henri VIII,

ligué avec la cour de Rome contre Louis XII, lança une flotte sur les côtes de l'Armorique. La reine Anne et les Bretons retrouvèrent leur énergie. Les Etats votèrent des subsides pour la guerre. L'amiral Thenouenel et Bolderu passèrent la revue des capitaines et des navires. Un énorme vaisseau, la *Cordelière*, fut équipé aux frais de la reine, armé de cent canons et de douze cents hommes, et confié au capitaine Hervé de Primoguet ou de Portzmogues. Ce hardi marin, dans le combat des deux flottes en vue de Saint-Mahé, coula successivement plusieurs bâtiments; puis, assailli par douze vaisseaux à la fois, il jeta les grappins à l'amiral anglais, la *Régente*, qu'il fit sauter avec lui. La double explosion couvrit la mer de débris et dispersa deux mille cadavres. Les navires du Croisic achevèrent la déroute des ennemis, que les Bretons poursuivirent jusque dans les parages de l'Angleterre. Les Anglais s'en vengèrent en venant incendier Penmarc'h. La *Cordelière*, suivant Pitre-Chevalier, avait été mise à l'eau sur le canal de Morlaix.

La reine exigea qu'on lui rendît le comte d'Etampes, en récompense des exploits de ses braves Bretons. Elle mourut l'année suivante, le 9 janvier 1514, à l'âge de trente-sept ans. La Bretagne entière pleura sa perte; les gentilshommes regrettaient en elle « le miroir de toutes les vertus de sa race, » les pauvres leur mère, les bonnes villes la protectrice de leurs privilèges, le clergé la fille dévouée de l'Eglise romaine, qu'elle défendit jusqu'à son dernier jour, comme tous les souverains ses aïeux, à l'exception de Mauclerc, contre les attaques de l'ambition. « Le roi prit le deuil en noir, et huit jours durant ne fit que larmoyer. »

La savante princesse laissa aussi dans la douleur les littérateurs et les artistes, car elle prépara la renaissance des lettres et des arts qu'allait immortaliser le nom de François Iᵉʳ. La cour de Blois ou des Tournelles était à la fois une école de vertus, une tribune politique, une académie, où les conversations roulaient sur les sujets les plus élevés.

La Bretagne ancienne et moderne contient, au sujet des funérailles de la reine Anne, les détails suivants :

« Le soir du 15 janvier, le corps fut mis dans le cercueil devant les dames de Mailli, dame d'honneur; de Soubise, de Liré, dames d'atours; de la Guerche; et les seigneurs de Menou, du Pardo, d'Oguy, de la Guerche. de Beton, de Montauban, etc. Quand il fallut couvrir la face, chacun des assistants, la regardant pour la dernière fois, fondait en larmes et poussait des cris de douleur d'une manière si lamentable, que ceux qui ensevelissaient la reine en étant troublés dans leurs fonctions, on fut obligé de mettre dehors la plupart de ces personnes, qui ne pouvaient mettre fin aux regrets qu'elles témoignaient de la perte d'une si bonne maîtresse, ni se résoudre à ne plus la voir.

« Le 16, la salle d'honneur fut changée en salle de douleur, c'est-à-dire entièrement tendue et ornée de noir, sauf le drap d'or du cercueil. Le corps fut veillé aussi jusqu'au 3 février, et toute la famille en grand deuil le vint arroser de larmes. Le 3 février, on leva le corps, et les funérailles commencèrent. Jamais on n'en avait vu de plus magnifiques ni de plus solennelles. La reine fut d'abord portée à l'église Saint-Sauveur, hors du château, par François de Broon, son panetier, Charles d'O, son premier échanson, et tous les grands officiers de sa cour. Les seigneurs de Penthièvre, de l'Aigle, de Châteaubriand, de Candolle et de Montafilhant soutenaient les bâtons du dais. Suivait le deuil, conduit par François de Valois, puis une foule de princes, de prélats, d'abbés, de gentilshommes, de dames et demoiselles. « Les huissiers, ayant leurs chaperons abattus sur leurs épaules, faisoient faire voie. Le capitaine Gabriel de la Chastre, avec un certain nombre d'archers, et quelques autres qui servoient de maistres des cérémonies, marchoient sur les ailes afin de faire tenir chacun à son rang... Le concours de la multitude étoit tel qu'il fallut deux haies de suisses pour maintenir l'ordre. Arrivé à Saint-Sauveur, le corps fut placé dans une chapelle ardente, ornée de cinq clochers de bougies et de croix recroisettées; chacun prit place selon son rang, et le cardinal de Bayeux célébra l'office. Les hérauts et les officiers de la feue reine demeurèrent toute la nuit auprès du catafalque.....

« Après ces cérémonies, le corps fut mis sur un chariot et acheminé vers la capitale, au milieu de quatre cents torches aux armes de Bretagne, et de cinquante aux armes de France. Enfin il fut porté à Saint-Denis; l'évêque du Mans officia, et l'abbé Parvi prononça l'oraison funèbre de la reine; c'était la troisième fois qu'il faisait son panégyrique. Quand il eut terminé, le corps fut déposé dans les caveaux, près de la place réservée à Louis XII. Bretagne, roi d'armes, fit les proclamations ordinaires, en criant trois fois : « La reine très chrétienne et duchesse, notre souveraine, dame et maîtresse, est morte! » Le même héraut reçut du chancelier d'honneur la main de justice, le sceptre des mains du grand-maître d'hôtel de Bretagne, la couronne de grand-écuyer, et les posa sur le cercueil de la reine. Toute la compagnie alla dîner. A la fin du repas, M. d'Avaugour, comme grand-maître de Bretagne, dit aux officiers de la feue reine, en rompant son bâton, que la reine était morte, et qu'ils pouvaient se pourvoir ailleurs. Le héraut Bretagne répéta la même chose... Et ainsi finirent ces obsèques fastueuses, que la maison de France devait bien à la reine qui l'avait le plus enrichie.

« La reine Anne avait désiré rejoindre son père et sa mère dans l'admirable tombeau qu'elle leur avait fait élever aux Carmes de Nantes; mais, n'ayant pu donner son corps à ses chers Bretons, elle voulut du moins qu'ils possédassent le cœur qui les avait tant aimés. Par la permission du roi, cette illustre relique fut transportée et reçue à Nantes avec la plus grande solennité. Toutes les rues étaient tendues de noir sur le passage du cortége, les fenêtres de chaque maison étaient éclairées par deux cierges aux armes de la princesse; un crieur, vêtu de velours noir et portant quatre écussons sur sa robe, ouvrait la marche... Il sonnait à chaque carrefour des deux sonnettes qu'il tenait à la main, criant à haute voix : « Dites vos patenostres à Dieu, c'est pour l'âme de très chrétienne reyne la duchesse, notre souveraine dame naturelle et maîtresse, de laquelle on porte le cœur aux Carmes. »

7

Quatre cents bourgeois suivaient; leurs robes et leurs cha-
peaux étaient noirs; ils portaient à la main des torches du
poids de cent livres. Le convoi venait ensuite... Les Bretons
avaient voulu surpasser les Français en allumant plus de
quatre mille cierges. Il y eut, comme à Paris, service, oraison
funèbre, transport solennel du cœur au tombeau, et messes
pendant plusieurs jours dans toutes les paroisses et commu-
nautés de Nantes. »

Lorsqu'on ouvrit, deux siècles après, le tombeau des Carmes, on y trouva un petit coffre en plomb, renfermant une
boîte en fer, et, dans cette boîte, une boîte d'or avec une couronne royale. Il n'y avait plus, à la place du cœur de la
reine, qu'un peu d'eau et les restes d'un scapulaire. Sur le
cercle de la couronne, était écrit en relief :

CŒUR DE VERTUS ORNÉ
DIGNEMENT COURONNÉ...

On lisait sur la boîte d'or :

En ce petit vaisseau de fin or pur et munde
Repose un plus grand cœur qu'oneque dame eut au monde;
Anne fut le nom d'elle, en France deux fois royne,
Duchesse des Bretons, royale et souveraine.
Ce cœur fut si très haut, que de la terre aux cieux,
Sa vertu libérale accroissait mieulx et mieulx;
Mais Dieu en a repris sa portion la meilleure,
Et cette part terrestre en grand deuil nous demeure.

« Quand les paysans des Côtes-du-Nord, poursuit Pitre-
Chevalier, traversent la *lieue de grève* de Saint-Michel, tant
qu'ils aperçoivent le calvaire de granit qui s'y élève, ils
disent : « La croix nous voit, » et ils ne craignent pas que la
marée les engloutisse. De même, tant que les Bretons avaient
vu sur le trône la ferme et bienveillante figure de la reine
Anne, ils s'étaient dit : « Notre souveraine veille sur nous, »
et ils avaient espéré que la domination française n'achèverait
pas de les envahir. Mais lorsque le cri du roi d'armes : la
duchesse Anne, notre dame et maîtresse, est morte ! fut
arrivé des caveaux de Saint-Denis à la cathédrale de Nantes,

cette dernière espérance se brisa sur le cercueil royal comme le bâton du dernier grand-maître de Bretagne. »

Louis XII n'avait eu de son mariage avec la reine Anne que deux filles : l'une d'elles, madame Claude, épousa François d'Angoulême, qui régna sous le nom de François Ier. Ce prince fondit irrévocablement le duché de Bretagne dans le royaume de France.

CHAPITRE XVII.

Ducs. — Clergé. — Noblesse. — Art militaire. — Bourgeois. — Paysans. — Commerce. — Marine. — États de Bretagne. — Parlement. — Sciences. — Lettres. — Beaux-arts. — Mœurs et usages.

Depuis Pierre de Dreux, les ducs de Bretagne s'entouraient à leur cour des mêmes officiers que les rois de France, et ces officiers avaient, à Rennes et à Nantes, les mêmes costumes et les mêmes priviléges qu'à Paris : ils étaient choisis dans la plus haute noblesse. Quand les ducs donnaient des gouvernants, ils exigeaient le serment, le scellé et souvent la caution. L'ancienne loi leur défendait d'acquérir les biens de leurs barons ; mais, depuis Mauclerc, ils se jouèrent de cette loi, en réunissant à leur domaine de nombreux fiefs, et, centralisant dans leurs mains le pouvoir des seigneurs, ils finirent par substituer le régime monarchique au régime aristocratique. Leurs armes furent toujours les hermines sans nombre avec la devise : *A ma vie !* Leur cri de guerre était : *Malo !* abréviation de *Malo ou potius mori quàm fœdoris !* — *J'aime mieux la mort qu'une souillure !* La reine Anne mit à la mode, non-seulement en Bretagne, mais dans toute la France, le fameux emblème de la cordelière ou cordelíce, et la devise en jeu de mots : *J'ai le corps délié,* qui figurait sur tous les monuments de l'époque.

Depuis la fin du douzième siècle et la déchéance de l'archevêque de Dol, la Bretagne n'eut plus d'église nationale et fut pays d'obédience soumis à la **cour de Rennes**; cette cour

nommait aux bénéfices vacants pendant les huit mois de
l'année appelés mois apostoliques. Mais les évêques ne se
courbèrent pas aussi facilement sous le pouvoir temporel,
et, au quinzième siècle, l'Eglise avait encore, à peu de
chose près, dans ce pays, la prépondérance politique qu'elle
avait perdue en France.

La plaine d'Auray fut, en 1264, le tombeau de l'aristocratie
bretonne. Il n'y eut plus, à partir de cette époque, que des
seigneurs avec des titres honorifiques, sans aucun des pouvoirs souverains d'autrefois.

Les gentilshommes bretons ne pouvaient prendre les armes, surtout hors du pays, sans l'aveu du duc. Au commencement du quatorzième siècle, leur armure était celle avec
laquelle on représente presque tous les guerriers de ce
temps. François II développa les milices nationales créées
par Jean V sous le nom d'arbalétriers, de francs-archers et de
bons corps; ces milices étaient choisies dans les villes et les
villages, et commandées par des cadets de famille. Ce fut du
Guesclin qui réduisit la guerre en art, en introduisant parmi
les troupes la discipline et la tactique; il devint, dit-on, plus
facile d'attaquer les tours et les châteaux fortifiés, entourés
de fossés profonds et larges, et dans lesquels l'ennemi résis-
tait avec une vigueur dont on ne triomphait souvent qu'après
un siège meurtrier.

Quand la vieille aristocratie eut disparu, la bourgeoisie
s'éleva, et les ducs, pour achever de dominer les châteaux, se
liguèrent tacitement avec les villes en leur prodiguant les
franchises et les priviléges. A partir de Jean IV, les roturiers
commencèrent à acquérir les fiefs des nobles sans argent; on
les vit s'enrichir par le commerce, forcer les portes du conseil ducal, faire parler leurs représentants aux Etats, recevoir
la pique et l'épée pour protéger leurs cités et mourir en dé-
fendant le pays qui n'avait appartenu qu'aux nobles. Quelques-uns d'entre eux, au quinzième siècle, avaient leur sceau
et leurs armes. Les communes, du reste, se montrèrent dignes
de leur élévation pendant l'agonie de la Bretagne sous François II et la régence. Les paysans, écrasés par tous les partis,

ne profitèrent pas des dépouilles de la noblesse; mais ils étaient loin de se laisser réduire à la servitude, et ils se vengeaient parfois cruellement de l'oppression.

Le commerce s'était considérablement accru dès le treizième siècle. Les négociants des ports infestés par les Anglais se firent tous corsaires, et, grâce à l'artillerie maritime, ils possédèrent bientôt de grandes richesses. L'application de la boussole, comme l'usage de la poudre à canon, contribua puisamment au développement de la marine. L'industrie agricole occupait presque seule les habitants au quatorzième siècle; quant aux industries de luxe, elles ne devinrent florissantes que plus tard.

Les Etats de Bretagne se composaient du clergé, de la noblesse et du tiers-état; le duc les ouvrait presque toujours en personne. Il s'y rendait en grande pompe, et siégeait sur un trône couvert d'un dais, entre les princes et le chancelier, ayant à ses pieds le président de Bretagne, ses ministres et ses grands officiers. Les trois ordres votaient séparément, et leur unanimité était de rigueur; le président du clergé proclamait le résultat des délibérations. Depuis le règne de François I⁰ʳ jusqu'à celui de Louis XVI, les commissaires du roi ou le gouverneur de la province remplaçaient les ducs aux Etats; le roi lui-même alla les présider deux fois. La cour de magistrature et de justice, érigée par Alain Fergent, était nommée parlement : Rennes finit par absorber les deux chambres, établies, l'une dans cette ville, l'autre à Nantes.

De nombreux écrivains se produisirent durant le douzième, le treizième, le quatorzième, le quinzième et le seizième siècle; on peut citer parmi eux Abailard, Bertrand d'Argentré et le chanoine Moreau, de Quimper. Le règne de la duchesse Anne fut par excellence l'époque de la poésie et des arts : la littérature nationale des bardes se rajeunit en empruntant à la France ses mystères et ses drames bibliques. Ce fut alors aussi que l'architecture et la sculpture, prenant un essor miraculeux, couvrirent la Bretagne de cette multitude d'églises, de chapelles, de calvaires, de fontaines et de statues qui frappent partout le voyageur. Ces chefs-d'œuvre sont presque tous dus aux Lamballays, vaste association de « tailleurs d'images » qui avait ses lois et ses règlements, ses chefs et ses soldats : leur maître souverain était Michel Columb, auteur du tombeau de François II et de Marguerite de Foix, connu à Nantes sous le nom de tombeau des Carmes. Au quinzième et au seizième siècle, d'autres artistes ornèrent aussi les églises de peintures merveilleuses sur bois et sur verre.

On ne peut que rappeler quelques exemples entre les milliers d'usages publics et particuliers qu'offrent les mœurs bretonnes du douzième au seizième siècle. — La recherche des noyés sur les côtes se faisait, comme aujourd'hui, au moyen d'un cierge lancé à la mer avec un pain noir. — Au treizième siècle, on choisissait le lundi pour faire dire des messes aux défunts, parce que leurs peines recommencent ce jour-là dans le purgatoire, après le soulagement du dimanche. — Le mercredi des Cendres, on portait à la procession des cierges allumés pour rappeler l'épée flamboyante qui chassa nos premiers parents du paradis terrestre. — Au quatorzième siècle, on condamnait les faux monnayeurs « à être bouillis en eau chaude, jusqu'à la mort endurée. » — Bien que l'année ne commençât qu'à Pâques, les étrennes se distribuaient dès le premier janvier : c'était une journée de grandes largesses pour les riches, et de grande liesse pour les pauvres.

Les rois et les ducs battaient monnaie comme souverains, à leur coin et à leur effigie, spécialement à Rennes, à Nantes et à Redon. La livre bretonne valait un cinquième de plus que celle de Tours; il ne fallait donc que quatre livres bretonnes pour faire cinq livres tournois. La plus ancienne fabrique de monnaie dont parlent les actes de la Bretagne est celle de Rennes.

CHAPITRE XVIII.

La réformation et la Ligue. — François II. — Charles IX. — Henri III. —
Le duc de Mercœur. — Henri IV. — Pacification de la Bretagne. —
Louis XIII. — Louis XIV.

Ce qui fit le succès du calvinisme en France, c'est qu'il
promit à la noblesse « un gouvernement à principautés fédé-
rales, » c'est-à-dire une sorte de renaissance de la féodalité.
A cette promesse, les gentilshommes se levèrent en masse,
les princes du sang se firent huguenots, et la lutte de l'aristocratie et de la royauté recommença sous forme de guerre
religieuse. Si la Ligue pouvait être sincère et pure quelque
part, ce devait être en Bretagne, pays du vrai catholicisme.
Elle y eut du moins un caractère différent de celui qu'elle
prenait en France ; elle y fut nationale.

Henri II et François II avaient succédé à François Ier sur le
trône. A la mort de ce dernier prince, le calvinisme, dont
Catherine de Médicis, s'était follement flattée de se servir
comme d'un docile instrument politique, se posa hardiment
en face de l'Eglise et de la royauté. La guerre avait commencé par s'allumer dans les esprits ; elle éclata bientôt sur
la place publique, et toutes les provinces de France prirent
parti pour ou contre la foi catholique. La réforme pénétra
aussi en Bretagne, et, en présence des profanations commises
dans plusieurs églises par les huguenots, les populations se
jetèrent avec ardeur dans la *sainte-union*; tout le monde, sauf
quelques magistrats, devint plus ou moins ligueur. A la mort
de Henri III, le nombre des membres de l'association continua de s'accroître. La multitude comprenait instinctive-
ment que ceux qui faisaient si bon marché des croyances religieuses ne pouvaient être que les séides du despotisme
royal. De là, en partie, la presque unanimité avec laquelle
les Bretons se rangèrent sous l'étendard de la sainte-union.

Le chef de la Ligue dans la province était Mercœur, marié à la dernière héritière des Penthièvre, et qui, lié aux Guises par l'intérêt non moins que par le sang, rêvait le détachement de la Bretagne. Quand Henri III fut assassiné devant Paris, il se flatta que Rennes ne reconnaîtrait pas le roi huguenot, et il envoya le maréchal de Fougères annoncer au parlement la mort du prince. Mais le parlement, croyant la nouvelle fausse, donna l'ordre de pendre l'émissaire ligueur et prêta serment à Henri IV, le 22 octobre 1589, « à la condition que la religion catholique serait maintenue, et que le nouveau roi serait supplié d'abjurer le calvinisme. » Mercœur s'en vengea en faisant pendre à son tour un juge de Laval qui était en son pouvoir, puis il leva le masque et afficha ses prétentions à la souveraineté de la Bretagne. Tout rapprochement fut dès lors impossible entre les deux partis, et la province fut plus déchirée que jamais par la guerre civile.

Les habitants de Saint-Malo jouèrent à cette époque un rôle des plus glorieux. A la première nouvelle du meurtre du roi de France, ils signifièrent au comte de Fontaines, leur gouverneur, que, connaissant son inclination pour les huguenots, ils allaient aviser eux-mêmes aux moyens de remettre en sûreté la ville contre les entreprises des hérétiques. Un conseil extraordinaire fut élu à cet effet, et son chef investi d'une sorte de dictature dans la cité. Les choses n'en restèrent pas là. Apprenant que le comte de Fontaines entretenait des intelligences avec les *royaux*, les Malouins, dans une assemblée générale, décidèrent qu'une attaque serait tentée contre le château. Cinquante jeunes gens furent désignés, et, malgré les dangers que présentait l'escalade, le château fut emporté par ces hardis marins.

Dès que le bruit de cette expédition se fut répandu, le parlement lança un arrêt foudroyant contre les Malouins; mais ils ne s'en inquiétèrent pas plus que des propositions du duc de Mercœur, qui leur offrait des secours et un autre gouverneur. Ils surent ainsi, pendant plusieurs années, défendre leur ville contre toutes les attaques, équipant des flottes, traitant de la paix ou de la guerre, en un mot, se gouvernant tout-à-fait en république catholique. Ce n'est qu'après la conversion de Henri IV qu'ils consentirent à écouter les propositions de ce prince, lequel, tout victorieux qu'il fût alors, n'hésita pas à signer avec eux une capitulation.

La ville de Lamballe s'était aussi déclarée pour la Ligue. Le prince de Dombes, lieutenant-général du roi en Bretagne, se présenta en 1590 pour l'assiéger. Il s'empara de la place sans difficulté; mais il décampa avant d'avoir pu se rendre maître du château, sur la nouvelle que le duc de Mercœur arrivait au secours des habitants. Au mois d'août de l'année suivante, il voulut prendre sa revanche, encouragé d'ailleurs par la présence de La Nouë, surnommé Bras-de-Fer, à cause du bras par lequel il avait remplacé celui qu'il avait perdu au siége de Fontenay. C'était le compagnon bien-aimé de Henri IV, le digne continuateur des Clisson et des Richemont. En partant pour la Bretagne, il avait dit à ses amis qu'il allait, comme un bon lièvre, mourir à son gîte.

Voyant que le prince de Dombes n'avait pour toute artillerie que deux canons traînés par des bœufs, il lui représenta qu'il y avait peu d'apparence qu'on pût se rendre maître de la ville. Ces représentations n'ayant point été écoutées, les deux pièces furent mises en batterie, et firent une étroite brèche à la muraille, mais sans entamer le rempart. La Nouë s'élança le premier sur cette brèche; il reçut une balle à la tête, et mourut quelques jours après. Henri IV, sensiblement touché de sa perte, honora sa mémoire en disant que c'était un grand homme de guerre, mais un plus grand homme de bien, et qu'on ne pouvait assez regretter qu'un si petit château eût fait périr un capitaine qui valait toute une armée. La postérité a ratifié ce jugement.

La fortune du prince de Dombes sembla le quitter avec La Nouë, et bientôt il fut remplacé par le maréchal d'Aumont. Une trève de trois ans fut signée en 1593 entre le roi et les chefs de la Ligue; mais Mercœur, agissant en souverain, n'en poursuivit pas moins les hostilités, et cependant la France commençait à respirer à la nouvelle de l'abjuration du roi. Enfin les troupes royales soumirent Saint-Malo et d'autres villes, et le maréchal de Brissac, successeur de d'Aumont, ouvrit une campagne sérieuse contre le plus terrible brigand de la Cornouaille, Guy Eder de La Fontenelle, cadet de la maison de Beaumanoir, et l'un des derniers ligueurs.

La Fontenelle s'était emparé de l'île Tristan, et, de ce repaire, il dominait la terre avec ses bandes et la mer avec ses navires. Il avait pour lieutenant un cordonnier, nommé La Boulle, avec qui il s'élançait sur tous les points de la contrée, brûlant les villes et les villages, rançonnant les bourgeois et exterminant les paysans. Brissac ne put parvenir à le forcer dans l'île Tristan.

Pendant ce temps-là, Mercœur attendait un événement qui devait décider de son sort : c'était l'arrivée de cent vingt voiles et d'une nouvelle armada espagnole. Le 1er novembre 1597, les paysans de la pointe Saint-Mathieu, près de Brest, virent se déployer à l'horizon la formidable flotte. La terreur était partout dans les chaumières, quand, dans la nuit, une furieuse tempête se leva, qui dispersa les bâtiments et les brisa sur les récifs : le lendemain matin, il ne restait plus de ces cent vingt navires, portant des bataillons de soldats et des milliers de canons, que des débris et quelques cadavres. Une telle catastrophe enlevait la Bretagne à Philippe II d'Espagne et à Mercœur.

Peu de temps après, Henri IV, voyant que Mercœur seul était encore sous les armes dans la province, et qu'il ne voulait accepter de lui aucune condition, s'avança avec une nombreuse armée, dans l'intention d'assiéger Nantes, où le duc avait sa principale retraite. Il venait d'arriver à Angers, lorsque Mercœur envoya vers lui sa femme, accompagnée de sa fille, âgée de six à sept ans, pour traiter de la paix. La capitulation fut promptement signée : elle portait que le duc se retirerait avec tous les siens dans ses terres de Lamballe, Montcontour et Guingamp, et que sa fille épouserait le duc de Vendôme, qui deviendrait gouverneur de la Bretagne. Mercœur quitta la France et alla guerroyer contre les Turcs.

Le roi reçut aussi en grâce le baron de La Fontenelle; il

Duguay-Trouin. (P. 110.)

lui pardonna ses crimes comme faits de guerre, et lui laissa même son repaire de Douarnenez, d'où il n'avait pu être débusqué par aucun général. Quelques années après, ce misérable, enveloppé dans le complot de Biron, mourut sur la roue en place de Grève. Le nom de La Fontenelle est aujourd'hui encore aussi redouté dans la Cornouaille que celui de la Barbe-Bleue dans le pays de Nantes.

Henri IV entra à Nantes en grande pompe, et, pour achever la pacification du royaume, il y donna le célèbre édit qui réglait le sort des protestants. Il ne voulut pas quitter la Bretagne sans honorer la bonne ville de Rennes. En traversant les landes qui la séparent de Nantes, apercevant partout les traces de la guerre civile, il s'écria : « Où ces pauvres Bretons prendront-ils l'argent qu'ils m'ont promis ? » Il répondit aux acclamations des Rennois en faisant cesser la levée de quarante mille écus par mois ordonnée pour les frais de la guerre, en remettant tous les arrérages d'avant 1597, et en réduisant de moitié l'impôt des boissons. Les États rendirent au roi générosité pour générosité ; ils lui votèrent huit cent mille écus de secours, et offrirent à Sully dix huit mille livres, qu'il refusa noblement. Le roi ordonna de démolir tous les châteaux qui servaient de repaire aux brigands.

La Bretagne jouit d'un repos profond durant tout le règne de Henri IV. Mais en 1632, sous Louis XIII, le vieil esprit d'indépendance se réveilla tout-à-coup, à l'occasion d'une ordonnance provoquée par messieurs du conseil du roi. L'orgueil et la puissance de Louis XIV eurent aussi à lutter contre cet esprit. Pendant les guerres soutenues par la France contre une partie de l'Europe, un impôt avait été établi sur le timbre, et un autre sur le tabac, sans le consentement des États. Cette mesure arbitraire causa une sédition générale, dont le signal partit de Nantes. Sept mille paysans marchèrent sur Fougères et sur Rennes, et incendièrent les nouveaux bureaux de perception. Dans cette dernière ville, le duc de Chaulnes ayant voulu dissiper l'émeute, fut repoussé à coups de pierres et insulté de la manière la plus grave. Le gouvernement, craignant que la révolte ne se propageât dans toute la province, envoya six mille hommes de troupes d'élite pour étouffer la rébellion. La Bretagne fut traitée en pays conquis.

L'Armorique devait être encore, sous la minorité de Louis XV, le théâtre d'événements non moins douloureux. Le duc de Montesquiou reçut mission de demander aux Etats réunis à Vannes le vote par acclamation d'un million de livres à titre de don gratuit, et, sur le refus de l'assemblée d'accorder aucun don gratuit avant de connaître leur situation financière, il insista, avec la morgue hautaine des courtisans du dix-huitième siècle, et fit même des menaces. Le duc d'Orléans, régent du royaume, ordonna la dissolution des Etats de Bretagne et la levée des subsides au nom du roi. La noblesse, réunie à Dinan, adressa au conseil de régence une plainte, et le parlement y joignit ses remontrances; le gouvernement y répondit en échelonnant trente mille hommes de Nantes à Rennes et à Dinan. Cette mesure porta jusqu'à l'exaspération l'irritation des nobles. Un cri d'indignation retentit bientôt des bords de la Loire aux grèves de Saint-Malo, et tout gentilhomme dut prendre part à la fédération qui se forma, sous peine de se voir dépouiller de ses armes, de son titre et de sa nationalité; des milices s'organisèrent dans toutes les paroisses.

A la nouvelle de ces projets d'insurrection, le régent dirigea vingt mille hommes sur la Bretagne, et des colonnes mobiles reçurent l'ordre de battre le pays. Les dragons des Cévennes devaient traquer au fond des bois les bandes que pourchassait l'infanterie française, et une cour martiale fut établie pour poursuivre et condamner les rebelles. La résistance ne fut pas longue; elle n'était pas possible. Les bandes cachèrent leurs armes et se dispersèrent; quant aux chefs, une partie réussit à gagner les côtes et à s'embarquer pour l'Espagne. Là, ces malheureux exilés, en proie à une mortelle nostalgie, passaient de longs jours à pleurer la patrie absente; on les rencontrait dans les églises de Madrid, pâles, défaits, portant sur le visage les traces de cette maladie cruelle qui souvent dépeuple les armées.

Pendant qu'ils mouraient ainsi sur la terre étrangère, les échafauds se dressaient sur les places publiques de Nantes, et la chambre royale poursuivait l'instruction commencée contre cent quarante-huit gentilshommes ou paysans. Mais la justice n'avait pu mettre la main que sur quatre accusés : le marquis de Pontcalec, M. de Montlouis, le sire de Talhouët et le chevalier du Couëdic. Les débuts furent très longs : la sentence, prononcée à quatre heures du soir, n'était pas encore connue du public, quand, à la nuit tombante, on vit le grand prévôt de Nantes se diriger vers le couvent des Carmes, d'où il ramena quatre religieux. Tout fut alors révélé. On apprit bientôt avec stupeur que, dans la crainte d'un mouvement populaire, la cour avait donné l'ordre d'exécuter immédiatement l'arrêt rendu. A neuf heures, en effet, à la lueur des torches de résine, les quatre condamnés, entourés d'une triple haie de soldats, furent conduits à la place Bouffay, et, quelques instants après, la volonté du régent était accomplie. Mais les Etats ne fléchirent pas pour cela; réunis à Ancenis, ils persistèrent dans leur refus de voter le *don gratuit* par acclamation. Quant aux classes populaires, elles honorèrent comme des *pères de la patrie* les quatre martyrs de la liberté bretonne.

Moins de dix ans après ces événements, les Etats de la province donnèrent une nouvelle preuve d'indépendance. Un impôt illégal avait frappé, dans tous les ports et hâvres de la Bretagne, *tous les navires à l'entrée et à la sortie indistinctement.* (1730.) Les Etats ne manquèrent pas, suivant leur coutume, de protester contre cette mesure fiscale. L'assemblée décida qu'un de ses membres serait chargé de rédiger *un mémoire au roi.* Ce fut à M. de Bois-Billy qu'échut cel honneur, et le vieux gentilhomme ne faillit pas à sa noble mission.

Plusieurs marins illustrèrent la Bretagne au dix-huitième siècle : René du Guay-Trouin, de Saint-Malo, qui se distingua comme corsaire et gagna vaillamment son brevet de lieutenant-général, en détruisant le commerce anglais jusqu'au bout du monde; — le Nantais Jacques Cassard, qui se battit en 1709 avec son vaisseau l'*Eclatant* contre cinq vaisseaux anglais, et qui, chef d'escadre en 1712, soumit dans une seule campagne Santiago, Surinam, Berbiche, Saint-Eustache et Curaçao; — Coëtlogon, digne compagnon de navigation de Tourville, et qui surpassa l'amiral lui-même à la fatale journée de la Hogue.

CHAPITRE XIX.

Origines de la révolution en Bretagne. — Le duc d'Aiguillon. — La Chalotais. — Louis XVI. — Les états-généraux. — La Constituante. — La Convention. — La Terreur. — La Vendée. — La Chouannerie. — Quiberon. — Pacification de l'ouest. — La Bretagne française.

On peut dire que la révolution de 1789 date, en Bretagne, du règne de Louis XV. Le duc d'Orléans s'efforça sainement de faire oublier les quatre victimes de l'indépendance; l'indignation des Bretons trouva bientôt encore l'occasion d'éclater à propos de certaines rigueurs du fisc. Le duc d'Aiguillon, gouverneur de la province, en tant que mandataire du gouvernement, ne put s'empêcher de se rendre odieux; malgré ses utiles travaux et ses ordonnances pour la défense et l'armement des côtes, le parcours des routes et le développement des communications, le peuple ne vit là que des corvées et des dépenses de plus, des abus de pouvoir et des projets d'asservissement.

La descente des Anglais à Saint-Cast, en 1758, vint cependant donner raison aux mesures prises par le gouverneur. Les Bretons retrouvèrent leur courage contre l'étranger, et se rangèrent autour du duc d'Aiguillon pour remporter un de leurs plus beaux triomphes. Une poignée de paysans et de gentilshommes renouvela, au Guildo, la lutte des Thermopyles, et arrêta toute une armée d'Anglais. Mais, après la victoire, on accusa le duc d'avoir failli dans le combat : il se vengea par des rigueurs. La demande du « sol par livre, » augmentation d'un vingtième sur l'impôt, mit le comble au mécontentement. Les Etats, après quatorze jours de silence, le refusèrent.

Le parlement de Rennes prit connaissance des plaintes qui s'élevaient contre le gouverneur, et, n'obtenant aucun appui de la cour, la plupart de ses membres donnèrent leur démission. Le procureur-général la Chalotais, qui s'était prononcé à l'égard du duc avec véhémence, fut arrêté et conduit, ainsi que son fils et trois conseillers, dans la citadelle de Saint-Malo. Une commission fut formée pour les juger, mais le duc de Choiseul renvoya l'affaire devant ses juges naturels. Les prisonniers furent transférés ensuite à la Bastille, et l'on finit par les exiler. Le duc d'Aiguillon devint dès-lors plus hardi que jamais; le roi cependant dut consentir au rétablissement du parlement, et tous les membres, sauf la Chalotais, furent rendus à leurs fonctions.

Le premier soin de l'assemblée fut de faire son procès au gouverneur, accusé d'abus de pouvoir. Conseillé par le chancelier Maupeou, qui avait résolu d'humilier la magistrature, le roi décida que le duc d'Aiguillon serait jugé par la cour des pairs; mais, un peu plus tard, en 1770, il convertit une séance des pairs en lit de justice, et ordonna que toute la procédure fût anéantie. Il s'en suivit un arrêt du parlement qui entachait le duc d'Aiguillon dans son honneur; le roi le cassa, et fit enlever du greffe toutes les pièces du procès; dans un autre lit de justice, du 7 décembre, il défendit à l'assemblée de suspendre le service pour quelque cause que ce fût, et de donner sa démission. Les remontrances faites au sujet de cet édit furent méprisées, et le parlement cessa ses fonctions. Peu de temps après, quand le duc d'Aiguillon devint ministre, tous les parlements furent dissous. Rétablis à l'avénement de Louis XVI, ils recommencèrent aussitôt la lutte.

La monarchie jeta son dernier éclat dans la guerre d'Amérique, où le Breton du Couëdic s'immortalisa par le combat de la *Surveillante*. On vit alors la philosophie descendre des palais dans les chaumières, et l'on sentit se creuser de plus en plus la mine qui allait faire explosion. Le roi, dans ces circonstances difficiles, voulut consulter son peuple. Les notables furent réunis, puis les états-généraux. Cette dernière assemblée, la plus importante des temps modernes, ouvrit la nouvelle ère, le 5 mai 1789 ; ce fut le dernier jour du régime féodal, qui avait duré dix-huit cents ans.

Les Etats de Bretagne avaient pour procureur-général syndic un homme de courage, le comte de Botherel. Dès longtemps, ce magistrat s'était fait connaître par sa fermeté et son amour pour le pays. C'était lui qui, en 1788, avait protesté le premier contre l'impôt désastreux que le gouvernement voulait établir en Bretagne. Avec non moins de courage, il s'était opposé aux édits tendant à changer les formes de la justice, et la province entière avait applaudi à son dévouement aux libertés publiques. Mais l'année suivante un revirement complet s'opéra dans les esprits. Des émissaires envoyés de Paris dans une contrée dont ils ignoraient la coutume et les usages, semèrent la discorde et la haine parmi les populations jusque-là étroitement unies. Des libelles incendiaires armèrent l'une contre l'autre la noblesse et la bourgeoisie, et, dès ce moment, le rapprochement entre les ordres fut impossible.

Le langage du procureur-général avait d'abord excité à Rennes un orage terrible. Le gouverneur Thiard força l'entrée du parlement à la tête de ses grenadiers. Le peuple le lapida en pleine rue, ainsi que l'intendant ; mais le président de Catoëlan et ses conseillers ne furent pas moins arrêtés. Bientôt après tout était changé, par suite des efforts du ministère, et le comte de Botherel se voyait insulté à Quimper. Un jeune Rennois alla soulever les bourgeois de Nantes, qui vinrent en armes assiéger les gentilshommes aux Cordeliers. La session des Etats fut close ; le signal de la révolution était donné. A l'exemple de Rennes et de Nantes, les villes s'enflammèrent de proche en proche, et la Bastille fut démolie. Des clubs se formèrent partout, le tiers-état se déclara Assemblée nationale, la Constituante commença ses travaux de nivellement par la division du territoire en départements, l'abolition de la noblesse et la constitution civile du clergé; puis vinrent la fuite et l'arrestation du roi, les journées d'émeute et de massacre, la proclamation de la République par la Convention, le jugement et la condamnation de Louis XVI, la disgrâce des Girondins, enfin le régime de la Terreur.

Après l'attentat du 21 janvier 1793, l'Europe indignée prit les armes d'un accord unanime. La Révolution, dès-lors, eut pour ennemis déclarés l'Angleterre, la Hollande, l'Espagne, toute la confédération germanique, la Bavière, la Souabe, l'électeur palatin, Naples et le Saint-Siège, ensuite la Russie. En même temps, des troubles éclatèrent dans cette partie de la Bretagne et du Poitou presque toute boisée, sans route, sans commerce, où le défaut d'industrie, en arrêtant le développement de la classe moyenne, fermait tout accès aux lumières. Le 10 mars, jour fixé par le tirage au sort des conscrits appelés par la République, le tocsin sonna dans plus de six cents villages de Bretagne et d'Anjou. A Saint-Florent, sur la Loire, les villageois enlevèrent aux gendarmes leurs fusils et leurs sabres, et, se donnant pour chef le voiturier Cathelineau, ils se joignirent à une autre troupe conduite par le garde-chasse Stofflet, et prirent Chollet à la garnison républicaine. D'un autre côté, Machecoul, Challans et Pornic tombèrent au pouvoir des insurgés de la côte. Au sud, deux mille quatre cents républicains furent battus à Saint-Vincent; les Sables-d'Olonne subirent un siège de cinq jours. En moins d'un mois, tout le pays entre la Loire, la mer, la Thoué et la route de Thouars aux Sables était en pleine insurrection. Cent mille paysans avaient pris les armes, commandés par les seigneurs qu'ils avaient mis de gré ou de force à leur tête. Dans les marais, c'était Charette; dans le Bocage, d'Elbée, Lescure, La Rochejacquelin; dans la plaine, Beauchamp. Sans autre uniforme que leurs costumes nationaux, tenant d'une main le sabre et de l'autre le crucifix, ou portant sur la poitrine un cœur surmonté d'une croix, ces soldats improvisés se divisèrent en trois corps, dirigés par un conseil supérieur. Ils marchaient par paroisses, emportaient des vivres pour quelques jours, et regagnaient leurs foyers après chaque expédition. Inhabiles aux exercices militaires, mais excellents tireurs, ils avaint adopté d'instinct une tactique d'autant plus redoutable qu'ils n'eurent affaire d'abord qu'à des gardes nationales mal aguerries; à l'approche de leurs ennemis, ils se dispersaient en tirailleurs, et, à l'aide des mouvements du terrain, ils les ébranlaient par un feu juste et continu, puis ils s'élançaient sur eux avec de grands cris, et les enfonçaient. Tout pliait devant leur fougue intrépide. C'est ainsi que les généraux Murée, Gauvilliers, Guétineau, Ligomier, furent culbutés tour à tour.

Le soulèvement général et les premières victoires de l'ouest effrayèrent la Convention. Elle décréta une armée nationale et lança sur la Vendée dix mille volontaires, sans compter la gendarmerie. Mais d'Elbée battit les uns à Coron et à Beaupréau, et les rejeta au-delà de la Loire; La Roche-jacquelin défit les autres près des Aubiers, et les força dans Thouars après un combat furieux. Ces nouvelles enflammèrent les républicains du midi, qui se levèrent en masse. La Convention ordonna une levée de douze mille hommes; mais Santerre ne put rassembler à Paris que le rebut de la populace : ces soldats ensanglantèrent la haute Bretagne. A partir de ce moment, la guerre bretonne et vendéenne fut un véritable massacre. Traqués et fusillés comme des bêtes fauves dans les marais, les paysans se vengèrent en tuant à Machecoul cinq cents prisonniers.

La Vendée, au nom du trône et de l'autel, soutint longtemps cette lutte terrible. Repoussés à l'attaque de Nantes, où ils perdirent l'intrépide Cathelineau, les Vendéens se replièrent derrière la Loire, et battirent successivement les généraux républicains Biron, Rossignol et Canclaux. Enfin dix-sept mille hommes de l'ancienne garnison de Mayence, réputés l'élite de l'armée, furent transportés en Vendée; Kléber les commandait. Léchelle fut nommé généralissime, et les royalistes, après avoir, dans une bataille, vaincu Kléber et les Mayençais, éprouvèrent quatre défaites consé-

cutives à Châtillon et à Chollet; leurs principaux chefs,
Lescure, Bonchamp, d'Elbée, reçurent des blessures mor-
telles dans ces sanglantes journées. Cernés de toute part
dans la Vendée, les insurgés demandèrent du secours à l'Angleterre, qui, avant de les seconder, exigea qu'ils s'empa-
rassent d'un port de mer. Quatre-vingt mille Vendéens sorti-
rent de leur pays dévasté, et se dirigèrent sur Granville;
repoussés devant cette place, faute d'artillerie, mis en déroute au Mans, ils furent détruits en essayant de passer la
Loire à Savenay. Charette continua la guerre, mais l'île de
Noirmoutier lui fut enlevée. L'Achille de la Vendée, ainsi que
M. de Bonnechose nomme l'héroïque La Rochejacquelin, fut
tué par un soldat qu'il avait épargné; sa mort rendit les républicains maîtres du pays, et l'on commença aussitôt un
système d'extermination. La Vendée vaincue fut entourée
par le général Thureau de seize camps retranchés, et douze
colonnes mobiles, connues sous le nom de *Colonnes infernales*, parcoururent cette malheureuse contrée, portant partout le fer et la flamme. Les débris de l'armée vendéenne
n'étaient plus que des bandes indisciplinés; mais il leur restait deux chefs habiles, Stofflet et Charette, qui, bien que
rivaux, surent tenir tête avec leurs camps volants aux
Colonnes infernales.

La Terreur, surtout après la soumission de la Vendée,
écrasa la France. La reine, les Girondins, Philippe-Egalité,
montèrent à l'échafaud. Chaque province eut son proconsul,
et Carrier, à Nantes, se fit remarquer par une sévérité inouïe
à l'égard de la population; la Loire absorba tant de cadavres
qu'il fut interdit de boire son eau corrompue. Ce n'était encore que la petite Terreur. Sous Robespierre, les têtes,
suivant l'expression de Fouquier-Tainville, tombèrent comme
des ardoises. On vit une mère et ses cinq filles, condamnées
sans jugement, attendre une demi-heure leur tour au pied
de l'échafaud, puis y monter en s'appuyant les unes sur les
autres, et en chantant un cantique. La foule s'émut jusqu'aux larmes; les plus farouches soldats détournèrent les
yeux. Le bourreau éperdu fit tomber les six têtes, mais il

fallut l'emporter défaillant, et il mourut d'horreur le surlendemain.

Cependant, depuis le commencement de 1793, un intrépide aventurier du Maine, Jean Cottereau, dit Jean Chouan, avait donné son nom à l'insurrection de la basse Bretagne. Les gars lui obéirent d'amitié jusqu'à sa mort, mais ils ne reconnurent après lui que les chefs qui leur convenaient, car l'indépendance sauvage du caractère breton se trouva tout entière dans la chouannerie, et c'est ce qui la distingue si fortement de la Vendée. Là surtout, on fit la guerre rude et terrible, par tous les moyens et par toutes les armes, à l'antique façon de Warok et de Morvan. Les Francheville, les Puisaye et tant d'autres, étaient « des têtes de granit servies par des bras d'acier. » Si on ne leur avait opposé que la force et la bravoure, on serait difficilement parvenu à les abattre. Mais on les affaiblit lentement en leur opposant l'adresse et la modération, dans la personne du général Hoche. Charette et Stofflet se soumirent ou feignirent de se soumettre les premiers; les Chouans tinrent bon plus longtemps. Hoche n'en vint à bout qu'en déployant contre eux les talents qui avaient assujéti les Vénètes à Jules-César. Encore fallait-il, pour vaincre les Chouans, comme pour vaincre leurs aïeux, les éléments déchaînés sur les flots de Quiberon. Voici en quels termes l'illustre auteur de l'*Histoire des Français*, M. Lavallée, raconte ce désastre :

« Le premier comité de l'insurrection royaliste siégeait à Paris et s'entendait avec Stofflet et Cormatin; le second, rival de l'autre, siégeait à Londres et s'entendait avec Charette et Puisaye. Hoche fit échouer les projets de l'agence de Paris. Mais Pitt, sollicité par Puisaye, prépara un grand armement. Une flotte portant trois mille six cents émigrés, quatre-vingt mille fusils, des uniformes, des canons, de l'argent, mit à la voile. Elle rencontra et battit une escadre française à la hauteur de Belle-Isle. Puis, au lieu de se porter dans la Vendée, où Charette avait pris les armes, elle se dirigea sur la Bretagne. Elle débarqua dans la presqu'île de Quiberon, s'empara du fort Penthièvre, et fut jointe par neuf à dix mille chouans. La Bretagne fut vivement agitée; mais elle détestait les Anglais, elle se défiait de l'absence du comte d'Artois : elle ne prit pas les armes. Pourtant il y avait chance de la soulever, si l'on s'était jeté hardiment sur la route de Rennes. Pendant le temps qu'on perdait, Hoche rassembla des troupes ; il marcha sur Quiberon, refoula les avant-postes des émigrés dans la presqu'ile, et la ferma par une ligne de retranchements. Alors Puisaye, se voyant avec quinze à seize mille hommes dans une langue de terre, sans abri et sans vivres, résolut de reprendre l'offensive et assaillit les retranchements républicains; mais les deux troupes royalistes avaient été détournées de leur marche par les ordres de l'agence de Paris. Puisaye fut ramené par un feu épouvantable dans la presqu'ile. Aussitôt Hoche escalada le fort Penthièvre, les émigrés furent repoussés jusqu'à la côte; l'escadre anglaise, battue par une tempête, ne pouvait avancer, à l'exception d'un vaisseau qui, — soit fatalité, soit trahison, — balayait de son feu royalistes et républicains Tout se jeta dans la mer, où la moitié des embarcations périt; il ne resta qu'un millier d'hommes, débris de notre vieille gloire monarchique, qui se défendaient avec désespoir, lors qu'un cri de : Rendez-vous! partit des rangs républicains Sur ce cri, — qu'ils pouvaient regarder comme une capitulation, — les émigrés posèrent les armes, et Hoche référa du sort des prisonniers au gouvernement. Mais la Convention trahit la parole de son général et de ses soldats, en donnant ordre d'exécuter la loi contre les proscrits, et Tallien, envoyé en mission auprès de Hoche, fit fusiller les sept cent onze émigrés qui s'étaient rendus. Cette horrible exécution eut lieu près d'Auray, dans un champ qui s'appelle encore aujourd'hui le Champ des Martyrs. » (Juin, juillet et août 1795.)

L'Angleterre tenta un nouvel effort pour soutenir la guerre civile dans l'ouest; la flotte anglaise portait un prince français, le comte d'Artois, et plusieurs régiments. A la voix de Charette, tout le littoral de la Bretagne avait repris les armes, dans l'attente du débarquement du prince, et ce grand mouvement pouvait changer, dans ces contrées, la face de la guerre. Mais, après un séjour de quelques semaines à l'Ile Dieu, le comte d'Artois retourna en Angleterre sans toucher le continent. Tout le fruit attendu de l'expédition fut dès lors perdu : la flotte anglaise, contrariée par les vents, ne fut d'autre secours aux chouans, et Charette, qui, en sacrifiant tout pour assurer le débarquement, avait attiré sur lui l'ensemble des forces républicaines, resta exposé, seul avec Stofflet, aux coups de Hoche. Le général républicain triompha d'eux en les isolant, et en enveloppant la haute Bretagne d'un réseau de postes qui amenèrent une pacification complète. Charette, traqué comme un lion dans les bois, fut pris et fusillé à Nantes ; lui-même, sans sourciller, commanda le feu. Stofflet avait fini pareillement à Angers. Les officiers vendéens et bretons se retirèrent dans leurs manoirs, et les soldats dans leurs chaumières, en attendant le retour des princes pour qui ils avaient combattu.

Le système de Hoche, transporté dans le Morbihan, obtint les mêmes résultats, et la Bretagne se trouva de nouveau incorporée à la France, après avoir laissé cette fois sur le champ de bataille ses dernières franchises ensevelies avec leurs derniers défenseurs.

CHAPITRE XX.

Coup d'œil sur la Bretagne actuelle. — Mœurs. — Coutumes. — Langue. Conclusion.

Les cinq départements de la Bretagne française, la Loire-Inférieure, l'Ille-et-Vilaine, les Côtes-du-Nord, le Morbihan et le Finistère, correspondent à peu près aux anciens comtés de la Bretagne indépendante : ceux de Nantes, de Rennes, de Vannes, de Cornouaille, de Léon, etc. Il serait difficile de décrire toutes les curiosités que renferment les 1,444 communes de ces départements; Pitre-Chevalier, qui a fait une

étude si intéressante de la vieille Armorique, cite particulièrement, dans la Loire-Inférieure, comme digne de fixer
l'attention du touriste, Nantes, avec sa cathédrale, son château en ruines, son Bouffay et son tombeau de François II;
— Ancenis, jadis la clef de la Bretagne, très coquettement
située sur la Loire, et dans le voisinage de laquelle on
trouve, avec la célèbre tour octogone d'Oudon, d'où la vue
est immense, le bourg de Varades, où les Vendéens passèrent le fleuve en 1793; — Chateaubriant, qui remonte à
la domination romaine, et non loin de laquelle il faut voir
Derval, où Knolle, assiégé par du Guesclin, se défendait en
lui jetant des têtes de prisonniers, ainsi que la Trappe de la
Meilleraye, dont les religieux sont ouvriers et agriculteurs,
comme les moines chrétiens; — Paimbœuf, l'entrepôt et le
chantier de Nantes; — Savenay, qui honore les ombres des
Vendéens immolés dans la tourmente révolutionnaire; —
Bais, dont le château, commencé par Alain Fergent et con-
tinué par les Clisson et les Rohan, n'a plus qu'une aile et
deux tours; — Montoire et les marais de la Grande-Brière,
où toute une population dispute aux dessécheurs la tourbe
volcanique dans les débris d'une forêt antédiluvienne; —
Saint-Nazaire et le bourg de Bath, colonie saxonne qui seule
a conservé, dans la haute Bretagne, les mœurs, la langue et
le costume de ses aïeux.

L'antique Condate, Rennes, dans l'Ille-et-Vilaine, est la
ville des grandeurs déchues : si elle est fière de son Thabor,
de son Mail, de son Champ-de-Mars et de ses beaux quartiers, il ne lui reste plus un seul monument des temps anciens, et sa cour, ainsi que ses Facultés, la consolent à peine
de la perte de ses ducs et de son parlement. Les vestiges du
passé disparaissent aussi peu à peu sur les autres points du
département. Il faut remarquer cependant les ruines des
forteresses de Hévé, de Saint-Aubin-du-Cormier, du Fou-
geray; — Fougères, qui élève ses vieilles tours au milieu
d'un site charmant; — Redon, avec le clocher hardi et le
rond-point à jour de Saint-Sauveur, qui domine les mâts des
navires retenus dans son port; — Vitré, entouré de remparts

gothiques, et dans le voisinage duquel le voyageur aime à visiter le château des *Rockers*, rempli du souvenir de madame de Sévigné; — le château de Combourg, habité par Châteaubriand; — Dol, le boulevard de la Bretagne contre les Normands, et dont l'église, chef-d'œuvre du gothique sévère, mériterait encore d'être une cathédrale; — Saint-Malo, patrie de Jacques Cartier, de la Bourdonnaye, de du Guay-Trouin et de Surcouff, et qui a vu naître dans des temps plus récents Broussais, Lamennais et l'immortel auteur du *Génie du Christianisme.*

Le département des Côtes-du-Nord renferme trois parties distinctes : le pays de Saint-Brieuc, celui de Lannion et de Tréguier, et le territoire de Dinan et des environs : l'un tient à la haute Bretagne, l'autre à la basse; la troisième partie a été nommée moyenne Bretagne. Saint-Brieuc est une ville éminemment bourgeoise et presque champêtre; peu célèbre dans l'histoire de la province, elle ne l'est pas davantage par ses monuments. A peu de distance, sur la hauteur qui domine l'entrée du Gouët, se dressent les ruines de la tour de Cesson, l'une des dernières forteresses que posséda Mercœur. — Lamballe, ainsi qu'il a été dit, vit mourir La Noüe Bras-de-Fer; c'est là que prit naissance l'ordre des religieuses de Saint-Thomas de Villeneuve. — Lanleff a un temple circulaire, attribué successivement aux druides, aux Romains, aux chrétiens et aux templiers. — Broons possède le monument élevé à du Guesclin. — Dinan, l'une des jolies villes de la Bretagne, conserve, dans son église Saint-Sauveur, le cœur du vaillant connétable. On visite encore avec plaisir Guingamp, qui relevait des Penthièvre; — Lannion et Tréguier, encore bras-bretons, et où l'on chante toujours les chansons d'autrefois.

Le Morbihan est rempli de monuments druidiques. A Erdevern, comme à Carnac, à Loc-Mariaker comme à Gavr'innis, on est étonné du nombre des menhirs et des peulvens, des dolmens et des grottes de fées que l'on rencontre. On y trouve aussi beaucoup de monuments romains et du moyen-âge : la formidable tour d'Elven; le château de

Josselin, l'un des bijoux de la féodalité; — Ploërmel, avec ses tombes ducales de Jean II et de Jean III; — Sainte-Anne d'Auray, le plus célèbre pèlerinage de la Bretagne; le champ des martyrs d'Auray; — Hennebont, où Jeanne de Montfort fit des prodiges; — Lorient, créé par la compagnie des Indes, et que protége Fort-Louis, restauré par Vauban; — la Roche-Bernard, avec un pont rival de celui de Fribourg; — enfin Vannes, l'adversaire de l'invincible César.

Le département religieux par excellence est le Finistère; c'est le pays des croix sculptées et des clochers à jour. Les monuments s'y comptent par milliers, et les campagnes n'en offrent pas moins que les villes. Il faut voir Quimper, avec sa belle cathédrale; — Concarneau, le petit Saint-Malo de la Cornouaille; — Douarnenez, avec ses six cents bateaux pêcheurs de sardines; — l'île de Sein, qui communique à peine avec notre monde; — Quimperlé, qui s'étage gaiement sur un coteau, et où l'on admire la curieuse église de Sainte-Croix. — L'arrondissement de Châteaulin a Carhaix, à la fois ville et bourgade, patrie de La Tour d'Auvergne; — Château-lin, qui travaille dans son val, au pied du vieux château de Budic; — le Huelgoat et Poullaouen, qui occupent une armée de mineurs, et où l'on extrait chaque année plus de douze millions de minerai brut; — Morlaix, qui montre encore de vieilles maisons et de vieux quartiers dignes de remarque, à côté du viaduc monumental dont on admire les gigantesques proportions; — Saint-Pol-de-Léon, la cité bretonne entre toutes, si fière de son clocher-merveille. — Brest, pensée de Richelieu, œuvre de Louis XIV, est une colonie française au fond de l'Armorique; — Landerneau sourit au milieu de ses fabriques, pendant que Lesneven pleure ses couvents, et le Conquet son ancien commerce. Notre-Dame du Folgoët enfin, ou l'église du Fou-des-Bois, l'un des bijoux de l'ar-chitecture gothique, continue d'attirer chaque année de nom-breux pèlerins, désireux de voir, avec ses deux clochers, ses portiques élégants et son jubé, regardé comme le plus beau après celui de Saint-Etienne-du-Mont, à Paris.

Il reste, pour achever cet abrégé rapide, à retracer les

mœurs privées des Bretons ; M. Aurélien de Courson a écrit
à ce sujet des pages excellentes qu'on aimera à lire, et qu'il
convient de reproduire en partie ici :

« L'éducation, chez les anciens habitants de l'Armorique,
dit le savant auteur de l'*Histoire des peuples bretons*, était
profondément religieuse, et c'était toujours au foyer paternel
qu'on la recevait. Chaque clan avait ses bardes, ses druides,
ses ovates, chargés d'élever l'enfance, d'instruire la jeunesse
et de soutenir l'âge mûr dans la voie de la justice, de la
vérité et de l'honneur. Jusqu'à l'âge de sept ans, l'enfant
restait entièrement confié aux soins du prêtre. A partir de
cette époque, jusqu'à l'âge de quatorze ans, il suivait, sous
l'œil de ses parents, les écoles bardiques. Pour l'enfance
comme pour la jeunesse, l'enseignement était tout religieux.
Telle était l'austérité de ces prêtres païens, que le christianisme put s'implanter sans aucun obstacle sur la terre britan-
nique. La plupart des saints de l'Armorique avaient été les
disciples des prêtres de Hu-ar-Bras. Cette double empreinte
religieuse ne s'est jamais effacée dans la Bretagne. Adorateurs fervents du Dieu crucifié, les Bretons ont pourtant conservé, avec la ténacité qui les distingue, comme une teinte
de druidisme. Le cœur est tout entier à Jésus, mais l'imagination erre souvent sur la montagne de Menez-Bré, avec les
ombres de Taliessin et de Guenc'hlan. De là ces contrastes si
tranchés du caractère national. Sous l'empire de ses croyances catholiques, ce peuple fera éclater toutes les vertus que
l'Evangile a révélées au monde : sa charité n'aura plus de
bornes, son dévouement n'aura pas de mesure. Mais qu'une
circonstance lui fasse oublier momentanément les préceptes
du divin maître, aussitôt se réveillera en lui le génie sauvage
qui semble planer encore autour des monuments de Carnac
et de Gavr'innis.

» Ce qui frappe tout d'abord l'étranger qui visite la Bretagne, continue M. Aurélien de Courson, c'est cet esprit de
conservation, cette vénération pour les traditions paternelles
qui éclate dans tous les actes de la vie du Breton. Tandis
que les populations n'aspirent partout qu'à changer de posi-

François-René de Châteaubriand. (P. 126.)

tion, le Breton se cantonne, pour ainsi dire, dans ses mœurs nationales, et nourrit au fond de son cœur cette passion du sol natal qui fut toujours l'un des traits les plus caractéristiques des races celtiques. Sous le plus beau ciel du monde, au milieu de tous les enchantements de la civilisation, il regrette son pauvre village, et aspire à la *barbarie* qui l'a bercé, enfant, dans ses bras forts et généreux. L'exil est presque toujours pour lui la mort. On raconte que l'ancienne compagnie des Indes, frappée des pertes nombreuses qu'éprouvaient les équipages de ses vaisseaux, presque tous composés de matelots nés dans la Bretagne, et qui, loin du pays, étaient en poie à une nostalgie mortelle, prit le parti d'embarquer sur chacun de ses navires un joueur de *biniou*. Cette mesure fut couronnée d'un plein succès. Les sons de l'instrument national, en rendant aux pauvres marins les airs et la danse de la patrie, adoucirent les longueurs de l'exil et ranimèrent les âmes abattues. Et pourtant, bien misérable était la condition de la plupart de ces hommes dans le pays après lequel ils soupiraient. Mais tous, comme aujourd'hui leurs descendants, acceptaient leur condition sans envie contre leurs voisins; tous, sans doute, répétaient ces paroles touchantes de la chanson des montagnes d'Arez :

« Les pauvres seront toujours pauvres : bien fou qui a cru
» que les corbeaux deviendront colombes... Chers pauvres,
» consolez-vous, vous aurez un jour, au lieu de lits de bran-
» chages, des lits d'ivoire dans le ciel. »

» Le paradis du bon Dieu, telle est leur espérance, telle est la pensée qui sert de baume à leurs souffrances. « Mes parents étaient malheureux et je le suis comme eux, notre condition est de chercher notre pain. » Voilà ce qu'ils vous répondent lorsque vous vous apitoyez sur leur misère profonde. Le pain noir de chaque jour, parfois quelque morceau de lard fumé, des crêpes ou de la bouillie de sarrazin, une écuelle de lait, du beurre, il n'en faut pas davantage au Breton pour vivre content. Arrivé au terme de sa carrière, il voit venir la mort avec le calme et la sérénité du juste. Le prêtre, assis à son chevet, n'a nul effort à faire pour qu'il supporte patiem-

ment les douleurs qui le torturent, et se résigne à la volonté
de Dieu. Il meurt en invoquant le nom de Jésus et celui de la
bonne dame Marie, — *Itron Varia*, — dans le lit de chêne
vermoulu où sont morts ses parents et où mourront ses
enfants.

• Tel est le paysan au point de vue religieux. Sous le rapport des mœurs sociales, il se montre essentiellement aris-
tocrate. Il existe dans les campagnes des rangs non contestés,
des supériorités de position qui n'excitent ni les réclamations
ni l'envie. En première ligne viennent les propriétaires,
classe très nombreuse et qui tend à s'accroître d'année en
année. Les *domaniers* marchent immédiatement après les
propriétaires. Le troisième rang appartient aux fermiers, —
mereour; — le quatrième aux *pen-ty*, sorte de sous-fermiers
ainsi nommés parce qu'ils occupent à loyer quelque dépendance de la ferme et une petite portion de terrain insuffisante
pour qu'ils puissent y trouver l'entretien et la subsistance de
leur famille. Ces *pen-ty* sont généralement très pauvres, ce
qui les oblige à se louer comme journaliers aux paysans de
la classe supérieure. Toutefois, en leur qualité de *travailleurs
de la terre*, — expression bretonne, — ils ont droit à la considération qui s'attache en Bretagne à la classe des cultivateurs.

• Il est encore, parmi les paysans, une autre sorte de dis-
tinction. Les familles les plus respectées sont celles qui
datent dans la paroisse de temps immémorial. Être propriétaire et surtout être de vieille souche, voilà la noblesse du
paysan breton, et les Rohan n'étaient pas plus fiers de la
leur. Fort au-dessous se placent les gens de métiers. Cependant le forgeron, le maréchal et les *travailleurs en fer*, —
artisans privilégiés chez les Gallois, — occupent un rang distingué. Les meuniers, qui sont hâbleurs; les tailleurs, qui se
servent de l'aiguille, à la manière des femmes, ne méritent
pas d'estime; ces derniers ne sont bons qu'à exercer les fonctions de *bass-valen*, — entremetteur de mariage. Il faudrait
qu'une famille fût bien déchue pour donner sa fille à un *cou-
turier*.

» L'idée de l'association a été réalisée en Bretagne depuis des siècles, grâce à l'influence du christianisme. Une famille de cultivateurs veut-elle faire sa provision de toile? elle annonce qu'il y aura tel jour une *filerie* à telle ferme. A l'époque désignée, toutes les voisines accourent armées de leur quenouille et de leur rouet. Le chanvre est distribué aux travailleuses : on se met à la besogne en chantant de vieilles ballades bretonnes. Le lendemain, avant le coucher du soleil, la provision de fil est faite et elle n'a coûté que peu de chose à la maîtresse du logis : quelques bassins de bouillie d'avoine, des crêpes de blé noir, du laitage composent en effet tout le repas des fileuses. Les choses se passent à peu près de même s'il s'agit d'exploiter une taille et d'élever quelque bâtisse. Au sortir de la grand'messe, le dimanche, le *crieur* monte sur les marches de la croix du cimetière, et de là il annonce aux habitants de la paroisse qu'il y aura tel jour un grand charroi chez Lemeur, du village de Kersalic, ou à Plouescc, chez Nedelek. Fallût-il trois cents voitures, elles se trouveront à l'heure indiquée, à la porte de celui auquel on doit prêter assistance. Le bois ou la pierre est chargé, voituré et déchargé en un tour de main. Pendant ce temps, des montagnes de crêpes, des terrines pleines de lard et de pommes de terre sont placées par la maîtresse de la ferme et par ses servantes sur des tables formées de longues planches. Dès que la besogne est terminée, les travailleurs accourent; le repas commence aussitôt : le cidre pétille dans les verres, les joyeux propos se croisent, les railleries répondent aux railleries. Mais le *biniou* se fait entendre, la joie est au comble. Hommes et femmes mariés, jeunes garçons et jeunes filles, vieillards et enfants, tous se mettent à danser. Les sonneurs, — *musiciens*, — montés sur des tonneaux, s'essoufflent à jouer les airs nationaux les plus vifs et les plus aimés; les mendiants de la paroisse, sans lesquels il n'est pas de fêtes, vocifèrent à tue-tête les vieux chants traditionnels du pays, et toute la paroisse est en liesse. Cependant le soleil va disparaître à l'horizon : à la voix d'*un ancien* les danses cessent. La fête se termine comme elle

avait commencé, par un *De profundis* pour le repos de l'âme
des parents trépassés de l'amphytrion. »

Pitre-Chevalier a également peint les mœurs, les usages et
les costumes des Bretons; voici ce qu'il dit des anciens
évêchés de Tréguier, de Vannes, de Quimper et de Léon :

« Les paysans de Tréguier sont les Allemands de la basse
Bretagne : figures avenantes et naïves, caractères insou-
ciants, cœurs placides, esprits sociables, que la civilisation
gagne rapidement. Mœurs et coutumes vont s'effaçait de
jour en jour sur cette marche bas-bretonne, à peine défendue
par la langue que chantent les Kloer.

» Les Morbihannais ont gardé les mâles et rudes figures, les
mœurs sévères et belliqueuses, les habits sombres et flottants de leurs aïeux. Ils offrent quelques belles races d'hommes. Il n'y a pas au centre de ce pays une pierre, une fon-
taine, un carrefour, un arbre, un brin d'herbe, qui n'ait son
esprit surnaturel et sa légende plus ou moins druidique.
L'habit du paysan de Vannes est à peu près l'habit à la française; la dimension ou l'absence des basques marque la
diversité des cantons. Les couleurs foncées dominent presque
partout. Le pantalon détrône de jour en jour la braie gau-
loise; mais le grand chapeau tient bon; c'est le sombrero
national. Les marins ont le costume de leur état.

» La Cornouaille compte autant d'usages, de types et de
costumes que de paroisses; il faut renoncer à les détailler.
Les montagnards y sont vifs et parleurs, petits et infatigables
comme leurs chevaux; les hommes des côtes, silencieux et
farouches comme l'aspect de leurs horizons. Le paysan de
Carhaix, méfiant et sauvage, se révolterait encore volontiers
comme au temps du chanoine Moreau. De Quimper à la côte,
la réserve sournoise des figures contraste avec l'éclat des
habits. Dans les douces campagnes de Quimperlé, le Ker-
newote est plus souriant et plus expressif. Il se laisse aller
à la lutte et surtout à la danse. Quand le hautbois retentit
pour une noce, toutes les oreilles se dressent de joie et tous
les pieds sont piqués de la tarentule. Le jeune gars tire de
l'armoire sculptée le petit chapeau à chenilles, l'ample

bragow-bras, les vestes et les guêtres brodées, le pen-bas
(bâton) à nœuds, la ceinture de cuir ou de laine, et le voilà
parti pour le plaisir. Les communes de Fouesnan, de Concarneau, de Pontaven, etc., renferment les plus beaux costumes
qu'on puisse voir.

» L'habitant du pays de Léon est généralement grand et
majestueux. Il a la figure allongée, la démarche solennelle,
la parole lente, les habits noirs et flottants sur une ceinture
rouge. Son large chapeau laisse à peine entrevoir son regard
calme et sévère. Personne en Bretagne ne porte les cheveux
plus longs. Les femmes sont vêtues de noir et de blanc, et
leur deuil est bleu de ciel. Les Léonais, comme dit M. Sou-
vestre, portent plutôt le deuil de la vie que de la mort. Chez
eux, tout est profondément chrétien : ils ne cessent de prier
depuis le berceau jusqu'à la tombe, dans leurs joies comme
dans leurs peines, dans leur maison comme dans celle de
Dieu. Il faut que le prêtre bénisse pour eux le toit qui
s'élève, la grange et l'aire neuve, le champ défriché, les
trésors de la récolte et de la moisson.

» A partir de Roscoff, en suivant la côte, on rencontre ces
populations sauvages de pilleurs de mer, qui ont renoncé si
difficilement aux aubaines du droit de bris. On les reconnaît
à leurs jambes nues et nerveuses, à leur jupon de berlingue,
à leurs larges braies, à leur petite culotte bleue, et surtout
au regard de faucon qu'ils jettent encore sur la mer aux ap-
proches de la tempête. Les habitants des îles semées autour
de ces côtes mal famées sont célèbres, au contraire, par la
douceur de leurs habitudes patriarcales.

» Le caractère général des Bretons, ajoute Pitre-Chevalier,
se compose de cinq vertus et de trois défauts. On voit que le
bien l'emporte presque de moitié. Les vertus sont : l'amour
du pays, la résignation devant Dieu, la loyauté devant les
hommes, la persévérance et l'hospitalité. L'amour du pays,
— qui comprend le culte du passé, — est dans le sang de
tous les enfants de l'Armorique. Il fait périr le conscrit ou le
matelot de douleur, loin de la terre natale, avant que les
balles l'atteignent ou que les vagues l'engloutissent. Il

épanouit les visages et les cœurs bretons, qui se reconnais-
sent sur tous les points du monde. Il leur arrache des larmes
et des cris de joie, comme au sauvage de l'Inde, dès qu'un
bruit, un mot, un parfum les fait songer à la patrie. Et le
Breton n'aime pas seulement ainsi sa province, mais son
clocher, son champ, son foyer, le lit où il veut mourir après
ses aïeux, à côté de ses enfants. La loyauté bretonne est pro-
verbiale, mais c'est à tort qu'on en fait le synonyme de la
franchise. Cette qualité, dans le sens d'ouverture de cœur et
d'esprit, n'appartient qu'au Breton civilisé, qui la pousse, il
est vrai, jusqu'à l'audace et la contradiction la plus opiniâtre.
Quant au paysan, il est droit et loyal, mais nullement ou-
vert. Il ne ment pas, mais il ne dit ni oui ni non. Il est aussi
difficile de lui faire dire ce qu'il pense qu'impossible de lui
faire dire ce qu'il ne pense pas. Voyez ses champs, ils sont
clos d'énormes talus surmontés de plus d'énormes haies.
Voyez sa maison, elle est fermée à double porte et à double
serrure; le jour y entre à peine par une lucarne étroite.
Voyez son lit clos, si digne de ce nom; ne pourrait-on pas
même l'appeler un coffre ou une armoire? Voyez enfin ses
vêtements multiples, qui l'enveloppent des pieds à la tête,
comme autant de cuirasses impénétrables. Eh bien! son âme
n'est pas moins close que ses champs, moins barricadée que
sa maison, moins mystérieuse et sombre que son lit, moins
cuirassée que sa personne, vis-à-vis de l'étranger qui ne lui
parle point sa langue maternelle. Cette réserve lui fait appli-
quer la pudeur jusqu'aux sentiments les plus naturels. C'est
dans le même orgueil qu'il puise cette ténacité nationale qui
a résisté tant de siècles à toutes les dominations, qui arme
encore les paysans de l'Armorique contre les formes de la
civilisation, et fait de ses soldats et de ses marins des hommes infatigables, les derniers debout contre le fer de l'ennemi
et contre les assauts de la tempête. L'hospitalité est si natu-
elle au Breton, qu'éviter son seuil et sa table est une insulte
mortelle. Cette vertu préside aux noces patriarcales, aux
travaux en commun, aux secours mutuels dans les épreuves, à mille usages empreints de la charité la plus ardente.

Les vices des Armoricains sont, chez beaucoup, l'avarice; chez presque tous, le défaut de considération pour la femme; chez tous, l'intempérance. Mais il faut savoir être indulgent pour des hommes qui ont tant de vertus étrangères aux autres paysans.

» Il est reconnu aujourd'hui que la langue bretonne est celle que parlaient les Celtes-Gaulois, premiers habitants de l'Armorique. Après avoir résisté aux langues latine, germanique et française, elle est maintenant confinée dans la basse Bretagne et le pays de Galles, en Angleterre; une ligne s'étendant de l'embouchure de la Vilaine à Châteaulin sépare les populations bretonnantes de celles qui usent de l'idiome français. On y distingue différents dialectes : ceux de Vannes, de Léon, de Tréguier et de Cornouaille.

» Les premiers poètes de la langue celtique furent les bardes, insulaires et armoricains. Après la chute du druidisme, ces bardes devinrent peu à peu des chanteurs attachés à la personne des grands, puis de simples chanteurs populaires, continués de nos jours par les mendiants et les kloër, — écoliers poètes, — qui exercent toujours par leurs chants une grande influence morale. »

Tels sont les usages de la basse Bretagne. Sans doute, dit M. Willermé, il est encore en France des contrées où les mœurs sont peu françaises; mais quand, au milieu de ces montagnes d'un aspect si noir et si nu, de ces sites sauvages si communs dans l'intérieur de l'Armorique, on vient à rencontrer un habitant de ces lieux déserts portant de larges braies serrées par des cordons au-dessous du genou et retenues par les hanches à l'aide d'une ceinture de cuir qu'attache une énorme boucle de cuivre, les jambes enveloppées dans des espèces de bas également en cuir, les épaules couvertes de longs cheveux flottants, et que l'on entend sortir de sa bouche des mots inconnus, il est difficile de croire que cette étrange figure et ce langage inintelligible aient quelque chose de moderne... Tels sont encore les Bretons de nos jours, dans la plus grande partie des Côtes-du-Nord, au Finistère et surtout du Morbihan. Peuple à part, que le cours des siècles a modifié assurément, depuis son établissement dans les Gaules, mais qui ne semble pas moins défier la main du temps, à voir les traits nombreux qu'il a su garder de son caractère primitif, de sa physionomie des anciens âges.

Cet état de choses se prolongera-t-il encore durant plusieurs siècles? M. Aurélien de Courson ne croit nullement à la réalisation des vœux de ceux qui pensent que les Bretons, avant cinquante ans, seront aussi civilisés que les populations de l'Ile-de-France. « Il y a plus de six cents ans, dit-il, que les Gallois furent subjugués par Henri Plantagenet; le protestantisme domine dans la Cambrie depuis Henri VIII, et pourtant langage, mœurs, traditions, tout est resté breton dans le pays de Galles. Chose étrange! ajoute M. de Courson, le génie saxon a eu si peu de prise sur la civilisation de ce peuple, qu'il pourrait adresser aujourd'hui à ses vainqueurs ces paroles mémorables qu'un Gallois du douzième siècle jetait à l'oppresseur de sa race :

« Cette nation, ô roi, pourra être opprimée, détruite même en grande partie par vous ou par d'autres; mais détruite entièrement, jamais! A moins que Dieu ne le décide dans sa colère, aucune autre langue que la langue bretonne ne répondra au jour du jugement pour la plupart de ses enfants! »

On peut ne pas partager entièrement l'opinion de M. de Courson, et ne pas regretter avec lui de voir l'instruction et le progrès pénétrer dans l'Armorique; on n'aimera pas moins à connaître les sages conseils que donnait, il y a quelques années, à son troupeau, l'un des enfants les plus dévoués de l'antique Cornouaille, l'héritier du siége de saint Corentin, lorsqu'il lui recommandait de s'estimer comme Breton. « Ce nom, disait-il, quand il est bien porté, est un gage d'attachement aux vieilles croyances, de fidélité aux pratiques saintes, de constance dans le sentier du devoir. D'autres peuples présenteront une apparence moins inculte, un habit moins grossier, une parole moins rude; qu'importe, et qu'avez-vous à leur envier, si vous conservez un esprit plus convaincu, un cœur plus dévoué, une volonté plus énergique? Vous avez besoin, dit-on, d'être polis par la civilisation avancée du siècle, nous ne disputerons pas ; mais prenez garde qu'à force de vous polir, la civilisation ne vous use, ne vous amoindrisse, n'efface l'empreinte de votre caractère religieux... Voilà pourquoi nous voyons avec un contentement réel que vous teniez à vos vieux usages, à vos vieux costumes, à votre vieille langue ; et nous ne parlons pas ici en littérateur préoccupé de questions philosophiques, en artiste épris de formes pittoresques, mais en évêque convaincu par l'expérience et la raison de l'étroite liaison qui existe entre la langue d'un peuple et ses croyances, entre ses usages et ses mœurs, entre ses habitudes et ses vertus. »

Ces paroles de l'évêque cornouaillais aux enfants de l'antique Domnonée, quelques semaines après, des missionnaires bas-Bretons, sollicités par leurs frères de Galles, allèrent les redire à la Domnonée cambrienne. Le poète disait donc vrai quand il s'écriait :

Oui, nous sommes encor hommes de l'Armorique,
La race courageuse et pourtant pacifique,
La race sur le dos portant de longs cheveux,
Que rien ne peut dompter quand elle a dit : « Je veux ! »
Nous avons un cœur franc pour détester les traîtres ;
Nous adorons Jésus, le Dieu de nos ancêtres ;
Les chansons d'autrefois, toujours nous les chantons ;
Oh ! nous ne sommes pas les derniers des Bretons !
Le vieux sang de tes fils coule encor dans tes veines,
O terre de granit recouverte de chênes !

(BRISEUX, poème de *Marie.*)

APPENDICE.

—

HOMMES ILLUSTRES DES TEMPS MODERNES.

Après avoir retracé rapidement pour nos jeunes lecteurs l'histoire de la vieille Armorique, il convient de signaler les hommes qui, dans les temps modernes, ont le plus contribué à son illustration.

Avec La Bourdonnais, Duclos, Lanjuinais, La Chalotais, Broussais, La Motte-Piquet, du Couëdic, Châteaubriand, Lamennais, La Tour d'Auvergne et tant d'autres qui se sont distingués par leur mérite ou leur génie, il faut citer : Le Brigaut, le patient linguiste, qui fut le collaborateur du premier grenadier de France ; — Perrin, le dessinateur de la charmante *Galerie bretonne ;* — le voyageur Cambry ; — les historiens Daru, Richer et Roujoux ; — les légistes Carré, Touiller, Le Graverand, Baudouin de Maison-Blanche ; — le critique Geoffroy ; — le médecin Laënnec ; — Le Gonidec, le conservateur de la langue celtique. Nommons encore M. Hersart de la Villemarqué, dont les aïeux vendaient leurs terres pour se racheter à la croisade ; — MM. Le Huërou, de Carné, de Courson, de Freminville, Pitre-Chevalier, de Kerdanet, Pol de Courcy, Alfred de Courcy ; — des poètes de talent, tels que MM. Brizeux, Boulay-Paty, Turquety, Violeau, du Clézieux ; — MM. de Lacrosse et de La Rochejacquelin ; — les généraux Lamoricière et Bedeau ; — Jobert (de Lamballe), le chirurgien célèbre, dont la science regrette la mort prématurée ; — Elisa Mercœur, enlevée à la poésie avant l'âge ; — Elleviou le chanteur, etc., etc.

Nous voudrions pouvoir consacrer une page à chacun de ces glorieux Bretons. L'espace nous manque, et nous devons nous borner à résumer la biographie de quelques-uns de ceux qui ont laissé les souvenirs les plus durables par leurs œuvres ou leurs services.

BEDEAU.

Le général Bedeau naquit à Vertou, près de Nantes, le 10 août 1804. Fils d'un officier de marine, il entra à la Flèche en 1817, et en 1820 à Saint-Cyr, d'où il sortit sous-lieutenant d'état-major. Lieutenant le 1er octobre 1826 et détaché au 3e de ligne, il fut nommé capitaine le 12 juillet 1831 : il fit, de 1831 à 1832, la campagne de Belgique, comme aide-de-camp des généraux Gérard et Schramm, et se distingua au siége d'Anvers. Envoyé en Algérie en 1836, il y passa les dix années qui composèrent surtout sa vie militaire : il se fit remarquer au siége de Constantine et fut nommé commandant de la place, puis lieutenant-colonel de la légion étrangère. Sa belle conduite contre les Kabyles lui valut, en décembre 1839, le grade de colonel du 17e léger, dans lequel il eut pour successeur le duc d'Aumale. Blessé dans l'expédition de Cherchell, s'étant signalé encore au col de Mouzaïa, à Médéah et à Milianah, il fut promu, en 1841, au grade de maréchal de camp. En 1842, il parvint à repousser les Arabes de la province de Tlemcen, sur les frontières du Maroc, et il s'occupa avec activité de l'organisation de cette contrée. En 1844, à la suite de la bataille d'Isly, il fut nommé lieutenant-général, puis commandant supérieur de la province de Constantine. En 1847, après avoir été un instant gouverneur d'Alger, il fut remplacé par le duc d'Aumale, et revint en France.

Quand éclata la Révolution de février, il fut chargé de combattre l'insurrection; sous le gouvernement provisoire, il reçut le commandement de la 1re division de l'armée des Alpes. Envoyé à l'Assemblée constituante par le département de la Loire-Inférieure, il devint vice-président : au moment des affaires de juin, il fut blessé au Petit-Pont. Il fut également élu vice-président à la Législative. Eloigné temporairement de France après le coup d'Etat de 1851, il se retira en Belgique.

BOULAY-PATY.

Cyprien Boulay-Paty, fils du jurisconsulte qui fut successivement sénéchal, commissaire du roi, procureur-syndic, et commissaire national de la ville de Paimbœuf, naquit à Donges, en Bretagne, le 19 octobre 1804. Il fit ses études au collége de Rennes, fut reçu avocat en 1824, et plaida plusieurs fois avec succès. Mais ses goûts littéraires le conduisirent à Paris, où il publia dès 1825 le *Charme*, pièce de vers couronnée par l'Académie des Jeux Floraux, et des *Poésies sur les Grecs*. Casimir Delavigne et Dupin aîné le présentèrent, en 1829, au duc d'Orléans, qui l'attacha à son secrétariat. Héritier des sentiments de son père, il publia, en 1830, un volume d'*Odes nationales*. Quand Alexandre Dumas donna sa démission comme l'un des bibliothécaires du Palais-Royal, il fut nommé à cette place. En 1834, il fit paraître, sous le pseudonyme d'Elie Mariaker, un second volume de poésies qui eut du succès. L'Académie française le couronna, en 1837, pour son poème sur l'*Arc de triomphe de l'Etoile*, et le prix fut doublé. En 1844, l'Académie des arts et belles-lettres de Paris décerna le prix et la médaille d'or à un volume d'odes qu'il venait encore de publier. Un prix Montyon lui fut enfin accordé par l'Académie française, en 1851, pour ses sonnets (*de la vie humaine*.)

BROUSSAIS.

François-Joseph-Victor Broussais, célèbre médecin, chef de l'école physiologique, naquit à Saint-Malo, le 17 décembre 1772, et mourut le 17 novembre 1836. Il fit ses études au collége de Dinan, fut d'abord chirurgien pendant six ans dans la marine militaire, puis médecin aux armées de l'Empire et fit les campagnes de Hollande, d'Allemagne, d'Italie et d'Espagne. Nommé, en 1814, médecin ordinaire et second professeur à l'hôpital militaire du Val-de-Grâce, où il remplaça, en 1820, le baron Desgenettes comme premier professeur, il obtint, en 1839, la chaire de pathologie et de thérapeutique générales à la Faculté de médecine, entra à l'Académie des sciences morales en 1832, et fut inspecteur général du service de santé des armées. Un monument lui a été élevé au Val-de-Grâce en 1841. On a de lui de nombreux et importants ouvrages. Dans les dernières années de sa vie, Broussais soutint avec chaleur les idées de Gall.

BRISEUX.

Auguste Briseux était un enfant de Lorient. Il naquit dans cette ville, le 12 septembre 1806, d'une ancienne famille bretonne, et fut élevé, sur les bords du Scorff et de l'Ellé, par un prêtre qui était de ses parents. Le goût de la poésie se développa vite en lui. Arrivé à Paris en 1828, il y donna, avec M. Ph. Busoni, la comédie de *Racine*, en un acte et en vers, qui eut peu de succès. A la suite d'un voyage en Italie, en 1832, il alla faire un cours de littérature à l'Athénée de Marseille; l'année suivante, en 1833, il publia, dans la *Revue des Deux-Mondes*, des poésies qui furent remarquées. Il voulut ensuite consacrer tout un poème à son enfance et à la Bretagne; ce poème fut *Marie* (1836), dont la grâce mêlée de tristesse fut très goûtée.

Briseux fit un second voyage en Italie en 1841. A son retour, il publia les chants mystiques intitulés : *les Ternaires, ou Fleurs d'or*, et alla chercher dans son pays des inspirations plus profondes. Il en revint en 1846 avec son poème des *Bretons*, tableau de la vie rustique, qui fut couronné par l'Académie française. Le 6 mai de la même année, il fut décoré de la Légion-d'Honneur.

Il donna plus tard . *Primel et Nola, Pêcheurs, les Bains de mer, Telen Arvor, ou Harpe d'Armorique*, poésies en langue

celtique, populaires en Bretagne; *Histoires indo-armoricaines,*
Histoires poétiques.

Briseux s'occupa aussi de recherches relatives au vieil
idiome de son pays. Elève de Legonidec, auquel il fit faire,
au moyen d'une souscription, des funérailles honorables, il
l'imita dans ses derniers travaux, et publia sur lui une
notice en tête de la *Grammaire celto-bretonne.* Il travailla
longtemps à un *Dictionnaire topologique et historique des*
noms de lieux de la Bretagne. En 1841, il donna une traduction en prose de la *Divine Comédie,* de Dante. Il mourut à
Montpellier, en mai 1858.

CHATEAUBRIAND.

François-René de Châteaubriand, né à Saint-Malo en 1768,
erra, tout enfant, sur les grèves battues par la tempête, et
fut bercé par la grande voix des flots. Ainsi que le dit M. René
Mulier, son génie poétique s'éleva devant les beautés d'une
nature imposante et sévère, devant les colères de l'Océan, et
se mûrit au milieu des forêts du Nouveau-Monde. C'est le
grand poète de notre époque : il a peu écrit en vers, mais la
poésie peut exister sans l'harmonie de la mesure et de la
rime.

La jeunesse de Châteaubriand se passa dans l'étude et la
rêverie, tant au collége que dans ce vieux manoir de Combourg, dont ses écrits nous ont transmis le souvenir. La tristesse de cette demeure agit tellement sur son imagination,
qu'il tomba dangereusement malade, et aussitôt après son
rétablissement il devint nécessaire de l'en éloigner. Il entra
au service, sans toutefois renoncer aux lettres, et quelques
pièces de vers, publiées alors, commencèrent sa réputation.
Attiré vers l'inconnu, il partit bientôt pour l'Amérique. Au
milieu des savanes et des mystérieuses harmonies des forêts
vierges, il se sentait plus à l'aise que dans la société des
hommes; mais sachant tout sacrifier à son devoir, dès qu'il

apprit la captivité de Louis XVI, il se hâta de revenir en France, et passa dans l'armée des princes. Blessé et malade, après la dispersion de cette armée, il gagna Londres, et y vécut quelque temps de sa plume; puis, cette ressource venant à lui manquer, il eut à subir les tortures de la faim.

Sa mère ayant exprimé, avant de mourir, le désir de voir son fils bien-aimé revenir à la religion qui la consolait, Châteaubriand étudia cette religion, et la foi rentrant dans son cœur, il commença à écrire l'ouvrage qui a pour titre : *Génie du Christianisme.* Il l'acheva en France, après sa radiation de la liste des émigrés, et le dédia au premier consul, qui venait de relever les autels. Le succès de ce livre fut immense : il ramena les hommes à l'étude des vérités éternelles, et leur prouva que le christianisme, loin d'être l'ennemi des arts et de la poésie, leur offre des richesses inépuisables.

Châteaubriand avait apporté d'Amérique *Atala* et *les Natchez,* qu'il inséra d'abord dans le *Génie du Christianisme.* Il voulut voir Rome, et le Colysée lui inspira le poème des *Martyrs.* De Rome, il alla en Grèce, pour évoquer sur cette terre, patrie de toutes les gloires, l'ombre des grands hommes de l'antiquité.

Le poète chrétien qui avait tenu à visiter la Grèce, devait souhaiter plus ardemment encore de voir Jérusalem. Il publia, dans son *Itinéraire de Paris à Jérusalem,* le récit de ce pèlerinage, et accepta quelque temps après la place laissée vacante à l'Académie par Marie-Joseph Chénier.

La restauration fit de Châteaubriand un homme politique. En 1830, il passa en Suisse, et s'occupa à traduire le *Paradis perdu,* de Milton. Après la révolution de 1848, il revint à Paris, mais sa carrière touchait à sa fin. La perte de madame de Châteaubriand avait achevé de briser les liens qui l'attachaient à ce monde. Il vit venir la mort avec toute la sérénité d'une âme qui a placé ses espérances au-delà du tombeau. Un prêtre et une sœur de charité recueillirent son dernier soupir, le 4 juillet 1848. Selon son désir, on l'inhuma près de sa ville natale, sur un rocher que chaque marée isole de la côte.

Châteaubriand avait employé ses dernières années à mettre en ordre ses *Mémoires d'outre-tombe*. Il a laissé aussi diverses poésies.

CAMBRY.

Jacques Cambry, né à Lorient en 1749, mort le 31 décembre 1807, fut préfet de l'Oise, et remplit successivement différentes fonctions administratives jusqu'en 1803, époque où il se retira des affaires pour se vouer tout entier à l'étude. Il fut l'un des fondateurs de l'Académie celtique, qui le choisit pour son premier président. On a de lui :

Essai sur la vie et les tableaux du Poussin ; — Notice sur les troubadours ; — Catalogue des objets échappés au vandalisme dans le Finistère, ou état de ce département en 1794 et 1795 ; — Description du département de l'Oise, avec un atlas ; — Monuments celtiques, ou Recherches sur le culte des pierres, précédés d'une notice sur les Celtes et sur les druides, et suivis d'étymologies celtiques ; — Notice sur l'agriculture des Celtes et des Gaulois.

DE CARNÉ.

Le comte de Carné, né à Quimper, en 1804, d'une famille qui occupe une place distinguée dans l'histoire de la province, entra au ministère des affaires étrangères en 1825, puis dans la diplomatie, où il obtint les titres d'attaché et de secrétaire d'ambassade. Il se retira de cette carrière en 1831, fut nommé membre du conseil général du Finistère en 1832, et député en 1839. Il se mêla alors activement aux débats extérieurs et intérieurs. La question d'Orient attira d'abord

Le général Lamoricière. (P. 137.)

son attention; il la plaça sur son véritable terrain, lors de la discussion au sujet de l'augmentation des forces navales. M. de Carné s'occupa aussi de la liberté de l'enseignement au point de vue catholique, et, dans ce but sans doute, il proposa d'affranchir du certificat d'études les aspirants au baccalauréat ès-lettres. Après la révolution de 1848, il reprit ses travaux de publiciste. Outre de nombreux articles publiés dans des recueils périodiques, et surtout la *Revue des Deux-Mondes*, on a de lui un certain nombre d'ouvrages.

CARRÉ.

Le jurisconsulte Carré naquit à Rennes, le 21 octobre 1777, et mourut le 2 mars 1832. Il se distingua d'abord au barreau, et ensuite dans l'enseignement du droit; nommé en 1806 professeur à la Faculté de cette ville, il expliqua avec un grand succès la procédure, qui venait de s'enrichir d'un code bien inférieur au code civil, mais qui réalisait de grandes réformes. Il publia, de 1808 à 1824, des livres d'une utilité telle dans la pratique, qu'il en a paru après sa mort une troisième édition.

Carré était timide, quoiqu'il appartint à l'école de Lanjuinais, son compatriote et son maître; il n'avait pas la hauteur de pensée de Toullier. Cependant il professa les plus saines doctrines dans les *Lois de l'organisation et de la compétence des juridictions civiles*, qu'il dédia à Dupin aîné.

Il fit preuve, dans diverses circonstances, de courage comme citoyen et comme avocat; mais ce courage était accompagné de mesure et de respect pour l'autorité légitime, ce qui lui donnait une grande autorité sur les élèves des écoles de droit : sa science était d'ailleurs un palladium contre les dangers qu'il avait affrontés. Il se livrait, dans le silence du cabinet, à la composition d'ouvrages destinés à rendre d'éminents services : c'est ainsi qu'il a laissé un traité sur les *Domaines congéables*, genre de propriété particulier à l'ancienne Bretagne; un autre traité sur le *Gouvernement des paroisses*; quatre volumes sur la juridiction des justices de paix; quatorze volumes de consultations et des notes étendues pour continuer le traité de son collègue Toullier.

Après la révolution de 1830, on offrit officiellement au savant professeur une place dans la haute magistrature de Paris; il refusa de l'accepter, désirant consacrer le reste de sa vie à l'enseignement et à la révision de ses écrits. Dès 1832, à l'âge de cinquante-cinq ans, il sentit ses forces diminuer; mais il voulut mourir au milieu de ses élèves, et ce fut en effet dans sa chaire qu'il éprouva les dernières défaillances de la mort. Sa tombe fut environnée des témoignages du plus vif intérêt et du plus grand respect.

DE COURSON.

M. Aurélien de Courson est né, le 25 décembre 1811, à Port-Louis (Ile-de-France), où son père, le comte de Courson, avait été envoyé, avec le grade de capitaine d'infanterie. Amené en France, il fit son droit à Rennes, et y fut chargé par M. Guizot de recherches relatives à l'histoire du tiers-état. Après avoir été employé à la bibliothèque Sainte-Geneviève, il devint conservateur de celle du Louvre, et il occupe encore aujourd'hui ces fonctions.

M. de Courson a beaucoup écrit; voici la liste de ses principaux ouvrages :

Essai sur la langue et les institutions de la Bretagne armoricaine; — *Histoire des origines et des institutions de la Gaule armoricaine et de la Bretagne insulaire depuis les temps les plus reculés jusqu'au v° siècle;* — *Histoire des peuples bretons dans la Gaule et dans les îles Britanniques,* ouvrage qui a obtenu le second prix Gobert à l'Académie française; — *Mémoire sur l'origine des institutions féodales chez les Bretons et les Germains,* etc., etc.

DUCLOS.

Duclos, célèbre littérateur, né à Dinan, le 12 février 1704, mort à Paris, le 26 mars 1772, appartenait à une famille ancienne dans le commerce. Il fit ses premières études à Rennes, puis sa mère l'envoya à Paris, où il entra à l'Académie du marquis de Dangeau : il y demeura cinq ans et en emporta cet amour des recherches grammaticales auquel on doit des travaux remarquables par leur érudition et des vues nouvelles. Il fit sa seconde et sa rhétorique au collége d'Harcourt.

Un peu plus tard, après avoir publié certains ouvrages d'un genre léger et qui sont oubliés aujourd'hui, il écrivit une *Histoire de Louis XI*, qui lui valut la place d'historiographe de France. Il fit paraître ensuite les *Considérations sur les Mœurs*, et par là il prit rang parmi les moralistes; Louis XV disait de ce livre : « C'est l'ouvrage d'un honnête homme. » *Les Mémoires pour servir à l'histoire des mœurs du XVIII* *siècle*, qu'il donna peu après, sont comme le complément des *Considérations*. Profitant des avantages de sa position d'historiographe, il rédigea des *Mémoires secrets du règne de Louis XIV et Louis XV*, qui ne parurent qu'après sa mort; ils renferment des renseignements précieux.

Duclos fut admis en 1739 à l'Académie des inscriptions et belles-lettres, et en 1747 à l'Académie française, dont il devint en 1755 le secrétaire perpétuel. Il rendit de nombreux services à cette compagnie, et eut la principale part à l'édition du *Dictionnaire* donnée en 1762; il a aussi laissé des *Remarques sur la Grammaire de Port-Royal*.

C'était un homme de beaucoup d'esprit et d'une grande liberté de parole; on cite de lui nombre de bons mots. Obligé de s'éloigner, en 1786, pour avoir blâmé trop vivement la condamnation de La Chalotais, son ami, il voyagea; ce qui lui donna lieu d'écrire ses *Considérations sur l'Italie*, qui n'ont paru que longtemps après sa mort.

DU COUEDIC.

Le vicomte du Couëdic de Kergoualer, né, en 1740, au château de Kerguelen, commandait la frégate la *Surveillante*, lorsqu'en 1779 il rencontra, à la hauteur d'Ouessant, la frégate anglaise le *Québec*. Il lui livra un combat opiniâtre ; le navire anglais sauta avec son commandant Framer, mais la *Surveillante* rentra à Brest désemparée et rasée. Du Couëdic mourut de ses blessures. Un tombeau, qui lui fut élevé aux frais de Louis XVI, fut détruit en 1793 ; Napoléon Ier donna l'ordre de le rétablir, en 1805.

HERSART DE LA VILLEMARQUÉ.

Le vicomte Hersart de la Villemarqué, membre de l'Institut, naquit, en 1812, en Bretagne. Il s'est distingué par la publication de divers ouvrages sur la langue et la littérature bretonnes. On aime à citer parmi ses travaux : *Barzaz-Breiz*, chansons populaires recueillies et imprimées avec une traduction française, des arguments, des notes et des mélodies originales ; *Contes populaires des anciens Bretons*, précédés d'un essai sur les époques chevaleresques de la Table-ronde ; *Nouvelle Grammaire bretonne* ; *Poëmes des bardes bretons du* vie *siècle*, traduits pour la première fois. Il a aussi collaboré à la *Bretagne ancienne et moderne*, de Pitre-Chevalier, et publié, après la mort de Legonidec, son *Dictionnaire français-breton*.

M. de la Villemarqué a été élu membre de l'Académie des inscriptions, le 12 mai 1858 ; il avait reçu, en 1846, la croix de la Légion-d'Honneur.

JOBERT.

Jobert (de Lamballe), membre de l'Institut et de l'Académie de médecine, né à Lamballe (Côtes-du-Nord), en 1799, alla à Paris en 1820, et obtint successivement, par concours, les places d'interne dans les hôpitaux, d'aide d'anatomie et de prosecteur. Reçu docteur en 1828, il devint peu après chirurgien du bureau central, agrégé de la Faculté, et, après quelque temps de service intérimaire, chirurgien de l'hôpital Saint-Louis ; en 1847, il passa, avec le même titre, à l'Hôtel-Dieu. Il avait été nommé, en juillet 1830, avec Dupuytren, chirurgien de l'hospice provisoire de Saint-Cloud, médecin consultant du roi, et professeur de clinique chirurgicale à la Faculté. Il était, dans ses dernières années, chirurgien ordinaire de l'Empereur, membre de l'Académie de médecine, membre de l'Académie des sciences, où il avait succédé à Magendie. Le 6 juin 1849, il avait été promu commandeur de la Légion-d'Honneur.

Jobert (de Lamballe), dont la pratique et l'enseignement ont eu un égal succès, a écrit de nombreux et importants traités ; il a également laissé des thèses et des mémoires que la science apprécie à leur juste valeur. Il est mort il y a peu de temps, à Paris.

LA BOURDONNAIS.

François Mahé de la Bourdonnais, né en 1629 à Saint-Malo, mort en 1755, entra de bonne heure au service de la Compagnie française des Indes, et s'y fit remarquer au point d'être nommé, à trente-cinq ans, gouverneur-général des îles de France et de Bourbon. Ces deux colonies lui durent tout, justice, industrie, commerce, culture du manioc, du sucre, du café et du coton. Bernardin de Saint-Pierre, dans

Paul et Virginie, a dépeint avec chaleur et vérité les bienfaits de son administration. La guerre ayant éclaté avec l'Angleterre en 1743, La Bourdonnais équipa une escadre, vint au secours de Dupleix, gouverneur des Indes françaises, menacé dans Pondichéry, assiégea les Anglais dans Madras, et les força à capituler. (1746.) Un article de la capitulation laissait aux Anglais le droit de racheter Madras; Dupleix refusa de ratifier le traité. La Bourdonnais, indigné, évacua Madras, mais il fut aussitôt destitué de son commandement. Mandé à la cour, en 1748, pour répondre aux accusations de ses ennemis, il revint en France, et là, sans avoir été entendu, il fut jeté à la Bastille. Il y resta quatre ans, victime de la plus odieuse iniquité. En 1752, on lui permit de se défendre, et son innocence fut reconnue. La Bourdonnais ne put jouir longtemps de la liberté : tombé dans l'indigence, il succomba après une douloureuse maladie de trois ans. Il a laissé des mémoires intéressants et fidèles sur tous les événements auxquels il fut mêlé.

Il y avait en Bretagne les familles Mahé de la Bourdonnais, Mahé de Berdouaré, et Mahé de Kérouan. Ces familles ne sont pas éteintes.

DE LACROSSE.

Le baron de Lacrosse, sénateur, ancien député et représentant du peuple, ancien ministre, naquit à Brest, le 29 janvier 1796 ; il était le fils du célèbre contre-amiral Raymond de Lacrosse, créé baron sous l'empire. Il entra lui-même dans la marine en 1809 comme aspirant, puis il passa en 1813 dans la garde impériale. En 1815, il fut compris dans le licenciement de l'armée de la Loire. Retiré à Brest, il y fut élu, en 1830, colonel de la garde nationale, et, en 1834, envoyé à la Chambre des députés : il prit une part active à tous les travaux, et surtout aux discussions qui intéressaient la marine. Il contribua beaucoup, en 1846, à faire voter, pour la réorganisation de la flotte, un crédit extraordinaire de quatre-vingt-treize millions.

En 1848, M. de Lacrosse fut élu représentant du Finistère, le septième sur quinze, par 80,491 voix. Après l'élection du 10 décembre, il fut appelé au ministère des travaux publics et il le garda jusqu'au message du 31 octobre. Il fut réélu à la Législative, le premier de son département. Le décret du 25 janvier 1852 le comprit parmi les premiers sénateurs, avec le titre de secrétaire du Sénat. Le 30 juillet 1858, il fut promu grand-officier de la Légion-d'Honneur.

M. de Lacrosse est mort il y a peu d'années; ses restes reposent à Brest, et cette ville ne peut oublier ce qu'il a fait pour elle et pour la marine.

LAENNEC.

René-Théodore-Hyacinthe Laënnec, célèbre médecin, naquit à Quimper le 17 février 1781, et mourut le 13 août 1826. Initié de bonne heure par son oncle, médecin distingué à Nantes, aux études cliniques, il fut d'abord employé comme élève dans les hôpitaux militaires, puis comme chirurgien de troisième classe dans une expédition contre les insurgés du Morbihan; en 1800, il put se rendre à Paris pour y continuer ses études médicales.

Désireux de combler les lacunes que les événements l'avaient forcé de laisser dans son instruction littéraire, il voulut faire marcher de front, avec les travaux de l'hôpital et de l'amphithéâtre, l'étude du latin et du grec, où il se montra par la suite fort habile : il y joignit même celle de l'idiome kimri, vers lequel il se sentait attiré par un sentiment tout patriotique, séduit par l'opinion des linguistes, qui prétendaient en faire la langue primitive du genre humain. Au bout de deux ans, il emporta au concours les deux premiers prix de chirurgie et de médecine de l'école; en 1804, il reçut le grade de docteur.

Appelé dans la même année à faire partie de la société qui s'était formée au sein de la nouvelle Faculté, Laënnec prit place bientôt parmi les médecins distingués de l'époque, par une série de travaux sur divers sujets, et particulièrement sur l'anatomie pathologique, sa science de prédilection. Il ne tarda pas à être nommé médecin de l'hôpital Necker, et ce fut de là que se répandit la grande découverte qui a illustré son nom. Après trois ans d'infatigables labeurs, il parvint à doter la science de cette brillante méthode qui, donnant au diagnostic de plusieurs classes de maladies une précision mathématique, diminue, au profit de l'art de guérir, le domaine de ses conjectures. L'ingénieux auteur de l'auscultation y démontra que l'air inspiré ou expiré produit, par suite des dérangements intérieurs des viscères thoraciques, certains bruits dont les modifications variées, selon la nature du mal, ont chacune une signification propre. C'était une découverte d'un prix infini, et elle est aujourd'hui appliquée à diverses branches de la pathologie.

Epuisé par ses longs et pénibles travaux, Laënnec fut contraint d'aller passer deux ans dans le pays natal. A son retour à Paris, en 1822, il fut appelé par Hallé à lui succéder comme médecin de la duchesse de Berry, et comme professeur au collège de France; en 1823, il fut chargé de la chaire de clinique interne à la Faculté de médecine. Cette nouvelle position lui imposait de nombreux et pénibles devoirs; il fut bientôt contraint d'aller respirer de nouveau l'air vivifiant du pays natal. Il mourut peu de temps après, de la maladie qu'il avait si bien établie, c'est-à-dire de la phthisie.

Les écrits de Laënnec ont pour titres :

Proposition sur la doctrine médicale d'Hippocrate relativement à la médecine pratique. L'auteur y prouve, contrairement aux assertions des nosographes, qu'Hippocrate n'admettait pas de différences génériques entre les fièvres; — *Mémoires sur les vers vésiculaires et principalement sur ceux qui se trouvent dans le corps humain; — Traité de l'Auscultation médicale et des maladies des poumons et du cœur.* Ce traité a été traduit en plusieurs langues.

, Laënnec a fourni, en outre, quelques articles au *Dictionnaire des sciences médicales*, divers *Mémoires*, *Rapports* et *Observations*, insérés dans plusieurs recueils.

LAMORICIÈRE.

Le général Lamoricière, né à Nantes, le 5 février 1806, d'une famille légitimiste, fut élève de l'école Polytechnique, de 1824 à 1826, passa à l'école d'application de Metz, d'où il sortit dans le génie. Envoyé en Afrique lors de l'expédition d'Alger, lieutenant, puis capitaine le 1er novembre 1830, il dut aux campagnes qui suivirent une des fortunes militaires les plus rapides. Compris dans les zouaves, à la création de ce corps, il se fit bientôt remarquer par son intelligence et son audace. En 1833, le général Avizard lui confia la direction du premier bureau arabe, et, la même année, il devint chef de bataillon des zouaves, dont il fut promu lieutenant-colonel en 1835 et colonel en 1837, à la suite du siège de Constantine, où il avait été blessé. Il fut nommé en 1840 maréchal de camp, en 1843 lieutenant-général, en 1844 commandeur de la Légion-d'Honneur, et en 1845 gouverneur de l'Algérie par intérim. Il termina sa carrière algérienne par un double trait d'honneur : il organisa l'expédition qui fit tomber aux mains du duc d'Aumale la smalah d'Abd-el-Kader (1847), puis, enveloppant l'émir lui-même, il le força de se rendre à ce jeune prince.

Le 24 février 1848, le général Lamoricière, — député de Saint-Calais depuis deux ans, — combattit l'insurrection, et eut un cheval tué sous lui. Elu représentant du peuple dans la Sarthe, il se trouvait encore à Paris au moment des affaires de juin; il combattit de nouveau l'insurrection, et, le 28, il accepta le ministère de la guerre, qu'il garda jusqu'au 21 décembre. Après l'élection présidentielle, il ne fit aucune opposition systématique au nouveau pouvoir. Réélu à la Législative par la Seine et la Sarthe, il opta pour ce dernier déparlement. Le président le chargea d'une mission auprès de l'empereur de Russie, qui lui fit le meilleur accueil. Après le 2 décembre, il vécut en Allemagne, et puis en Belgique et en Angleterre. L'Empereur lui accorda spontanément de rentrer en France, à la fin de 1857, à l'occasion de la mort d'un de ses enfants.

Au mois d'avril 1860, M. de Lamoricière alla prendre à Rome, avec l'autorisation du gouvernement français, le commandement des troupes pontificales. Son armée fut anéantie par les Italiens à Castelfidardo; lui-même fut assiégé dans Ancône et forcé à capituler. Il est mort il y a peu d'années.

LANJUINAIS.

Le comte de Lanjuinais, né à Rennes en 1753, mort en 1827, professa le droit ecclésiastique, et fut député du tiers-état aux états-généraux de 1789, où il prit part aux délibérations les plus importantes. Il travailla à la rédaction de la constitution civile du clergé, mais combattit le décret qui déclarait les biens du clergé biens nationaux. Pendant la Législative, il professa le droit constitutionel à Rennes, puis la grammaire générale, et fut nommé à la haute-cour nationale. Membre de la Convention, il attaqua l'acte d'accusation de Louis XVI, pour le faire annuler, comme monstrueux. Dans le procès du roi, après avoir essayé de se récuser comme juge, il vota pour la réclusion et le bannissement à la paix. Il lutta ensuite avec le courage le plus énergique contre les anarchistes, fut mis hors la loi, et n'échappa à la mort qu'en se tenant caché pendant dix-huit mois; après la chute de Robespierre, il réclama son rang de député, ne l'obtint qu'en 1795, et devint président de l'Assemblée. Soixante-treize départements le portèrent au Conseil des Anciens, dont il fut secrétaire. Sénateur, il se prononça contre le consulat à vie, s'opposa souvent aux volontés de Napoléon, dont il vota la déchéance en 1814, entra cette même année à la Chambre des pairs, se rallia à Napoléon pendant les cent-jours et présida la Chambre des représentants, rentra dans la Chambre des pairs à la seconde Restauration, et défendit le système constitutionnel jusqu'à sa mort.

Lanjuinais était fort érudit dans le droit public, et très versé dans les langues orientales. Il fut membre de l'Académie des Inscriptions et Belles-Lettres depuis 1808, de la Société asiatique de Paris, et de la Société philosophique de Philadelphie. Il a laissé des œuvres très nombreuses.

Dans son éloge, le comte de Ségur caractérise ainsi Lanjuinais : « Plus célèbre encore par sa constante vertu que par sa vaste érudition, vertu rigide, et dont aucun souffle de la calomnie n'a pu, n'a même essayé de ternir la pureté; homme éminemment de bonne foi, soit qu'il se trompât ou non, sans s'occuper de ce qui pouvait plaire aux différents partis, ou les choquer, et par cette bonne foi toujours respectable, même dans les écarts de son imagination, il exprimait sans ménagement toute opinion qui lui paraissait juste et conforme à l'intérêt général... Ceux même dont il combattait les opinions rendirent hommage à la pureté de ses intentions, à cette verdeur de vieillesse qui étonnait la jeunesse la plus ardente, à cette franchise sans bornes qui ne lui permettait de contenir aucune de ses pensées, et qui donnait à ses discours quelquefois impétueux une empreinte d'originalité qui peignait fidèlement son caractère. Cette tête si vive était d'ailleurs toujours animée par une bonté de cœur inaltérable. »

LA TOUR D'AUVERGNE.

Théophile Malo Corret de La Tour d'Auvergne, surnommé le *Premier grenadier de France*, né à Carhaix (Finistère) en 1743, mort en 1800, entra dans les mousquetaires en 1767 en qualité de sous-lieutenant, puis passa au service de l'Espagne, et se distingua au siége de Mahon. Il embrassa la cause de la Révolution, servit à l'armée des Pyrénées-Orientales, et commanda un corps de grenadiers que son intrépidité fit appeler la *Colonne infernale*. Il refusa tout avancement, ainsi que le titre de membre du Corps législatif. Le premier consul lui décerna un sabre d'honneur, avec le titre de *Premier grenadier de France*; il accepta le sabre, mais refusa le titre, dont sa modestie se montra blessée, et qui cependant lui est demeuré.

Après la paix de Bâle, La Tour d'Auvergne s'était retiré dans sa ville natale. Apprenant que le dernier des fils de son vieil ami Lebrigaut était enlevé par la conscription, il demanda aussitôt au Directoire et obtint de le remplacer sous les drapeaux. Il fit la campagne de 1799 en Suisse, comme simple grenadier, dans la 46° demi-brigade; passa de là à l'armée du Rhin, et fut tué au combat de Neubourg. On l'ensevelit dans des branches de laurier et de chêne, et un grenadier lui tourna, dans sa fosse, la face vers le ciel, en disant : « Il ne faut pas que celui qui n'a jamais tourné le dos à l'ennemi de son vivant, le lui tourne après sa mort. » Son cœur fut précieusement conservé par sa compagnie; à chaque appel de son nom, qui était resté sur les contrôles, un grenadier répondait : « Mort au champ d'honneur. »

La Tour d'Auvergne était un savant distingué, et possédait un grand nombre de langues. On a de lui : *Nouvelles recherches sur la langue, l'origine et les antiquités des Bretons*, ouvrage qui fut réimprimé en 1801 sous le titre d'*Origines gauloises*. On lui a érigé une statue en bronze à Carhaix, en 1841.

ELISA MERCŒUR.

Elisa Mercœur, née à Nantes en 1809, a publié, dans différents recueils, un grand nombre de poésies où se révèle un rare et beau talent. Encouragée par les éloges qu'avaient obtenus ses essais, elle se livra au travail avec une nouvelle ardeur. Elle voulait se faire un nom, car elle avait une mère qu'elle chérissait, qu'elle désirait entourer de toutes les douceurs de la vie, et elle était pauvre. Mais une plume est le plus souvent une faible ressource, et avant d'avoir pu réaliser ses doux rêves d'amour filial, Elisa succomba, à l'âge de vingt-deux ans. Nul doute qu'elle n'eût pris rang parmi les meilleurs poètes de notre siècle, si Dieu lui avait accordé une plus longue carrière. On ne lira pas sans émotion les strophes que Châteaubriand lui consacra :

JEUNE FILLE ET JEUNE FLEUR.

Il descend, ce cercueil, et les roses sans taches
Qu'un père y déposa, tribut de sa douleur,
Terre, tu les portas, et maintenant tu caches
　　Jeune fille et jeune fleur.

Ah! ne les rends jamais à ce monde profane,
A ce monde de deuil, d'angoisse et de malheur!
Le vent brise et flétrit, le soleil brûle et fane
　　Jeune fille et jeune fleur.

Tu dors, pauvre Elisa, si légère d'années!
Tu ne crains plus du jour le poids et la chaleur!
Elles ont achevé leurs fraîches matinées,
　　Jeune fille et jeune fleur.

Mais ton père, Elisa, sur ta cendre s'incline;
Aux rides de son front a monté la pâleur;
Et, vieux chêne, le temps fauche sur sa racine
　　Jeune fille et jeune fleur.

TURQUETY.

Edouard Turquety, né le 27 mai 1807, à Rennes, où son père était notaire, alla faire son droit à Paris. Reçu avocat, au lieu de suivre le barreau, il s'adonna aux lettres et se mit, en peu de temps, au rang des poètes distingués de l'école romantique. Après des *Esquisses poétiques* (1829), il publia *Amour et foi* (1833), qui obtint un succès mérité; — *Poésies catholiques* (1836); — *Hymnes sacrées* (1838); — *Primavera* (1840); — *Fleurs à Marie* (1845). Ces divers recueils, réunis en 1845, sous le titre de *Poésies,* marquent la tendance de l'auteur à consacrer ses vers à l'expression des sentiments religieux. Il faut encore mentionner les *Poésies religieuses à l'usage de la jeunesse* (1857). M. Turquety travailla de 1839 à 1842 au feuilleton littéraire de la *Gazette de France.* En 1847, il fut nommé chevalier de la Légion-d'Honneur.

FIN.

TABLE

FIN DE LA TABLE.

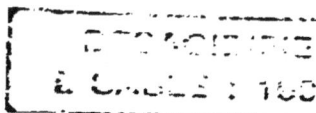

FIN DE LA TABLE.

Limoges — Imp. EUGÈNE ARDANT et Cⁱᵉ.

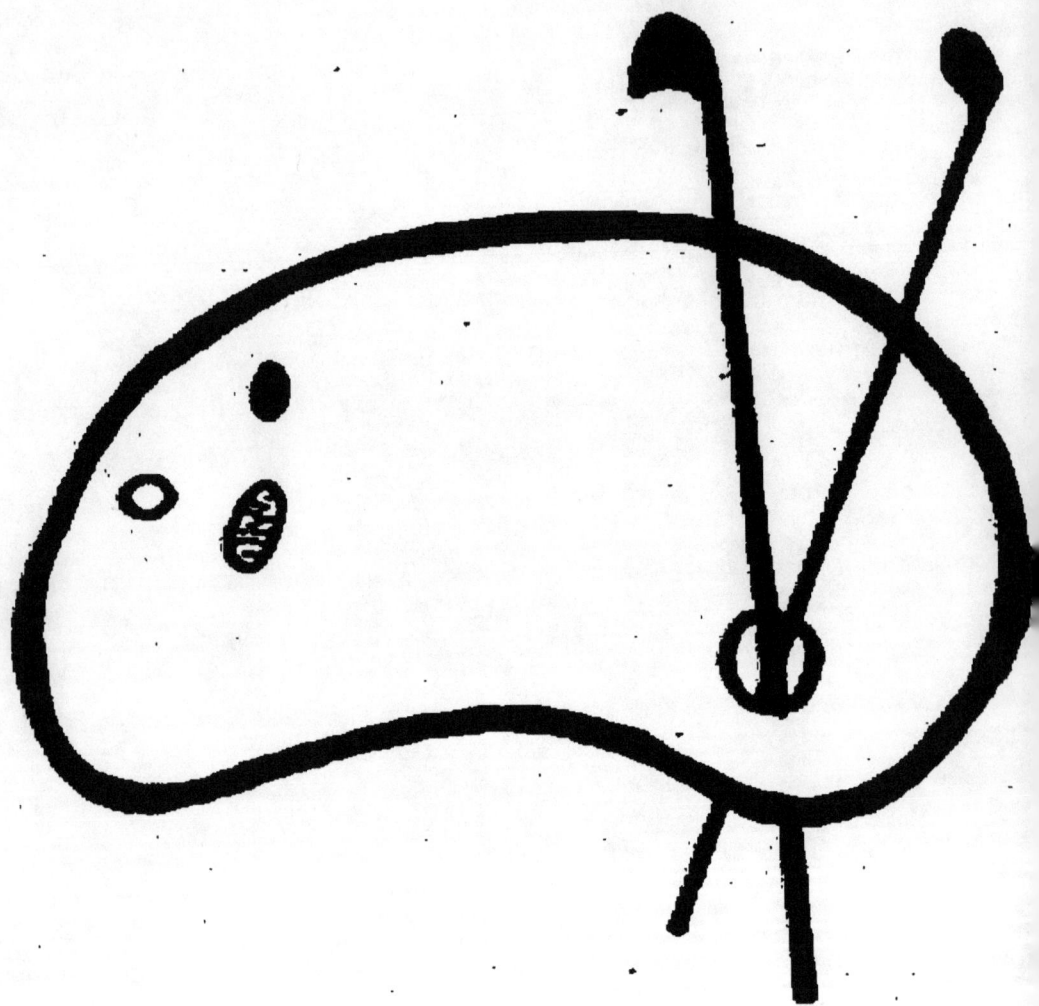

Mᵐᵉ GUIZOT

LES

ENFANTS

CONTES

A L'USAGE DE LA JEUNESSE

LIMOGES

EUGÈNE ARDANT ET Cⁱᵉ, ÉDITEURS.

www.ingramcontent.com/pod-product-compliance
Lightning Source LLC
Chambersburg PA
CBHW052056090426
42739CB00010B/2202